QUAND

ON VOYAGE

POISSY. — TYP. ET STÉR. DE ACG. BOURET.

QUAND
ON VOYAGE

PAR

THÉOPHILE GAUTIER

PARIS

MICHEL LÉVY FRÈRES, LIBRAIRES ÉDITEURS

RUE VIVIENNE, 2 BIS, ET BOULEVARD DES ITALIENS, 15

A LA LIBRAIRIE NOUVELLE

—

1865

Tous droits réservés

QUAND ON VOYAGE

CHERBOURG

INAUGURATION DU BASSIN NAPOLÉON

I

Les inventions de la science transforment le monde moderne sans secousse et pour ainsi dire sans qu'il s'en aperçoive. Supposons-nous en 1813, à l'époque de l'immersion de l'avant-port creusé par les ordres de Napoléon Ier, et désireux d'assister à cette solennité imposante. — Pas de chemin de fer, pas de bateau à vapeur; pour unique moyen de transport, la classique diligence, ou, si vous voulez, la chaise de poste. Ajoutez-y même, par réquisition, tous les berlingots, toutes les tapissières, tous les fiacres et autres véhicules plus ou moins susceptibles de rouler, attelés de quadrupèdes quelconques, et calculez ce qu'on aurait pu transporter de personnes. Il n'y a même pas besoin de remonter si haut. La ligne ferrée de Paris à Cherbourg vient d'être achevée tout récemment. Si la fête avait eu lieu quelques mois plus tôt, nous en aurions été pour nos vœux impuissants.

Le fait acquis a une telle force, qu'on n'y songe bientôt plus, quelque miraculeux qu'il soit. L'invention des chemins de fer, qui date à peine de vingt ou vingt-cinq ans, ne surprend plus personne; on est déjà habitué à ses prodiges. Transporter en une journée, du centre de la France à l'une de ses extrémités, cent mille curieux et peut-être davantage, quoi de plus simple? Il ne s'agit que de multiplier les convois et les wagons. — Cela eût paru tout à fait chimérique au commencement du siècle.

Non, nous n'aurions jamais cru qu'il existât autant de malles et de sacs de nuit! Au jour du départ, et les jours précédents, ils s'entassaient par assises, par pyramides, par montagnes à la gare de l'Ouest, où les voitures n'arrivaient qu'en prenant la file, comme pour l'entrée d'un bal.

Quelle foule, quel tumulte, quel encombrement! et pourtant chaque colis recevait son numéro et son étiquette, et les chariots les emportaient aux wagons de bagages avec une rapidité inouïe.

Lorsque les portes, en s'ouvrant, laissèrent comme un batardeau rompu, pénétrer dans le débarcadère l'océan des excursionistes, le premier flot remplit tout un convoi, si long pourtant, que c'était déjà un voyage d'aller de sa queue à sa tête. Il y avait là de quoi peupler une ville.

Un second convoi fut organisé sur-le-champ, dans lequel nous pûmes trouver place; il n'était pas moins considérable que le précédent, et, certes, la flotte combinée des Grecs partant pour Troie emmenait moins d'Achéens aux longues chevelures et aux belles cnémides que cette suite de caisses n'emportait de Parisiens en panamas et en paletots d'été.

Ce spectacle de migration par masses d'une ville à une autre nous ramenait, par un saut de pensée, à ces tribus d'Abares, de Daces, de Huns, de Vandales se mettant en marche pour quelque contrée lointaine avec leurs idoles, leurs femmes, leurs enfants, leurs grossiers trésors chargés sur des chars à bœufs, et faisant la stérilité sur leur passage comme une invasion de sauterelles. Ce que la barbarie accomplissait à travers les ruines, les combats, les dévastations, les périls et les fatigues de toute sorte, la civilisation l'accomplit comme en se jouant. Vous déjeunez à Paris, vous dînez à Cherbourg; le matin, vous patiniez sur l'asphalte; le soir, vous foulez le galet remué par l'Océan, non pas vous seul ou quelques-uns au moyen d'un talisman, du chapeau de Fortunatus, du tapis des quatre Facardins, de la flèche d'Abaris, des bottes de sept lieues, mais toute votre maison, tout votre quartier, toute votre ville. Vraiment, nous ne nous admirons pas assez, et, par une fatuité de dénigrement, nous faisons trop bon marché de notre époque. Nous-même, nous avons dit autrefois du mal des chemins de fer, dont nous ne comprenions pas la poésie; car rien n'est plus difficile à comprendre que la poésie de son temps. Dans notre mauvaise humeur, nous pressentions que le collectif allait se substituer à l'individuel et le général au particulier. Il faut la nuit aux étoiles; mais, le jour, le soleil luit pour tout le monde.

L'humanité grandit; mais, par une loi fatale, l'homme diminue; il faut être d'une bien haute taille pour dépasser le niveau. Contentons-nous d'être un zéro à la suite d'un chiffre formidable, et regardons, nous cent millième, un magnifique spectacle; pourquoi le raconter si tout le monde l'a vu? Aussi ne le racontons-nous pas.

Rien ne nous presse. Il est doux de flâner et d'être longtemps en route quand on peut aller aussi vite que le vent. Qu'on pardonne à d'anciennes habitudes de versification cette métaphore tombée en désuétude et qui n'est plus en rapport avec les célérités modernes : le vent ne fait pas cinquante kilomètres à l'heure.

A Mantes la Jolie, nous voyons les tapissiers dresser, pour la réception de l'empereur, une tente de velours cramoisi à crépines d'or ; des guirlandes de fleurs, des trophées formés d'ustensiles de chemin de fer complètent la décoration.

On remonte en wagon, et nous voici à Caen. Laissons le train continuer sa route. Il y a longtemps que les aquarelles de Bonnington, de Roberts, de Prout, que les gravures des landscapes nous ont donné l'envie de voir Saint-Pierre de Caen. C'est un désir facile à réaliser. Nous sommes allé en Espagne, en Angleterre, en Belgique, en Hollande, en Allemagne, en Afrique, en Grèce, en Turquie, un peu partout, et nous n'avions pas encore trouvé un jour pour Saint-Pierre, qui en vaut bien la peine cependant. Tous les Anglais l'ont visité ; mais il faut être étranger pour voyager dans un pays.

En sortant de la gare, nous avons admiré une cheminée d'usine à vapeur. Cette cheminée est charmante et nous allons la décrire avec quelque détail ; car nous y trouvons les rudiments de cette architecture nouvelle qui cherche si laborieusement et si malheureusement ses formes. Plus haute que l'obélisque de Luxor, dont elle singe assez l'attitude sur l'horizon, cette cheminée bâtie de briques roses et blanches, dont les symétries dessinent des spirales contrariées, est coiffée d'une sorte de chapiteau qui la fait ressembler à une colonne d'ordre inconnu que nous appellerons, si vous voulez, l'ordre industriel. Sa silhouette élancée, renflée légèrement au milieu, amenuisée au bout, présente cette ligne heureuse que donne toujours la forme nécessaire ; sa couleur est douce à l'œil comme celle des murs blancs et roses du palais ducal sur la Piazzetta. Elle se détachait, ce soir-là, d'un ciel assez bleu, et produisait un effet certainement agréable à l'œil. Une cheminée peut être jolie, quand on l'accepte franchement et qu'on l'orne dans le sens de sa destination. Rappelez-vous les cheminées sur les toits de Venise avec leurs formes de tourelles, leurs chaperons crénelés et leurs tons rose vif qui font la joie des peintres.

Avec la brique, la fonte, la charpente, quelques chaînes de pierre, il est possible de donner une sorte de beauté aux bâtiments utiles qui sembleraient les plus réfractaires à l'art, non pas en dissimulant, comme on pourrait le croire, leur destination derrière un placage architectural plus ou moins heureux, mais, au contraire, en l'accusant avec netteté, en indiquant bien les organes principaux, et en les prenant pour thème d'ornement. Ainsi, dans l'usine, soignez les cheminées, pensez à la figure qu'elles font sur le ciel au-dessus de la ligne des combles; dans un débarcadère, cherchez une belle courbe de voûte, une arcature qui, en satisfaisant aux lois de la statique, contente l'œil en même temps. Entre-croisez, compliquez les nervures, mais ne les cachez pas. Peignez-les, sculptez-les, semez-y de la dorure si vous voulez. L'ornement appliqué sur une partie vraie de l'édifice s'explique de lui-même et prend tout de suite du caractère. C'est ainsi que de besoins nouveaux surgira une architecture nouvelle, et non en mélant, à tort et à travers, tous les styles et toutes les époques.

Les rues étaient sablées. Des inscriptions et des cartouches, des échafaudages et des balcons à louer annonçaient que la ville se préparait à recevoir de son mieux Leurs Majestés. Un arc de triomphe de fort bon style se dressait à l'entrée de la principale rue. A quelque distance, les charpentes et les toiles, sous la brosse d'hables décorateurs, prenaient, à s'y tromper, l'aspect de la pierre. L'architecture du frêle monument, solide pour l'œil, était un heureux mélange de l'arc de Titus et de Septime-Sévère. En le regardant, nous nous demandions pourquoi, le plan adopté, on n'essayait pas ainsi les édifices avant de les construire; ce ne serait pas une grande dépense, et l'on n'aurait pas à regretter plus tard des erreurs irréparables : une élévation, coloriée avec ce relief et cette réalité, permettrait de juger à coup sûr l'effet de la bâtisse définitive.

L'aspect de Caen n'a rien de bien particulier : c'est une vieille ville qui a fait peau neuve; on y retrouve pourtant, pressées entre les constructions modernes, quelques anciennes masures à pignon, à poutres saillantes, dont les sculptures disparaissent à demi sous les vermiculages des tarets, mais trop disséminées pour imprimer un caractère à la ville. Ça et là se montre le bonnet de coton, dégénérescence normande du bonnet phrygien, qui, coloré de pourpre et sur la tête de Pâris, séduisit Hélène, la belle Tyndaride.

Un ami nous avait retenu une chambre à l'hôtel d'*Angleterre*, où nous dînâmes fort bien, malgré la famine dont on nous avait menacé. Il n'existait plus, disait-on, un seul poulet à dix lieues à la ronde. La caravane parisienne avait tout dévoré; il fallait faire garder à la cuisine les omelettes dans la poêle par quatre marmitons et même par quatre fusiliers, et autres facéties de ce genre. Des buffets avaient été emportés d'assaut à la gare, des convois de vivres pillés. Nous étions résigné d'avance à manger le caoutchouc de nos bretelles, le cuir de nos brodequins, la paille de notre chapeau, selon le menu ordinaire de l'*Histoire des naufrages*. Trois voyages en Espagne nous ont habitué à la sobriété, et le manque de nourriture aurait été pour nous un sujet d'élégie.

Si vous voulez voir Saint-Pierre de Caen dans toute sa beauté, il faut vous placer de l'autre côté du ruisseau qui baigne son chevet. C'est là que s'assoient les aquarellistes, sur une pierre du quai. De cet endroit, la vue se compose admirablement bien; vous avez à gauche un pont à voûte surbaissée où s'appuient des maisons ou plutôt des baraques chancelantes, irrégulières, à étages surplombants, à toits désordonnés, dont les lignes rompues font ressortir l'élégante architecture de l'église. Le cours du ruisseau, obstrué de pierres, de tessons, de plantes aquatiques, d'oseraies qui ont pris racine sur la berge, forme un premier plan arrangé à souhait; à droite s'affaissent quelques vieilles maisons lézardées.

Au milieu de cela, le chevet se détache avec sa rotonde de croisées à meneaux, ses galeries trouées à jour, ses rinceaux soutenus par des enfants qui sont des amours aussi bien que des anges, et toute sa gracieuse ornementation, où le goût gothique se mêle à celui de la renaissance.

En contemplant ce charmant motif de tableau, nous pensions au tort qu'on a de débarrasser les monuments gothiques des masures, des échoppes et des bouges de toute sorte qui s'y accrochent comme les champignons et les agarics au tronc des chênes. Désobstrué, l'édifice est toujours moins beau ; les lignes paraissent s'élancer moins hardiment au milieu d'une place nette. Ces constructions irrégulières, bizarres, difformes, en l'étouffant et en le serrant, le faisaient jaillir plus haut, ou vous forçaient, pour le voir, à prendre des angles d'incidence plus pittoresques. Une grande partie de l'effet de Saint-Pierre dépend des taudis qui l'entourent, du ruisseau marécageux qui coule à ses pieds. Creusez en canal régulier ce ravin verdi de fontinales et de lentilles d'eau ; élevez de chaque côté du chevet et à distance convenable des maisons propres et neuves, l'édilité sera contente sans doute ; mais aucun peintre ne viendra plus planter son parasol sur la rive opposée.

Ce que nous disons là n'est vrai que pour l'église gothique; le temple grec veut être dégagé; l'une affecte la forme aiguë, l'autre la forme horizontale.

Si vous entrez à Saint-Pierre, ne manquez pas d'examiner en détail les clefs de voûte évidées qui retombent d'une façon si légère et si hardie dans les chapelles de l'abside.

Comme nous étions sur la petite place à regarder le portail de l'église, plus ancien que le chevet, nous fûmes surpris par un spectacle qui n'aurait pas dû étonner un catholique. Mais, à Paris, depuis longues années, la religion ne se risque jamais hors du sanctuaire, et nous avons désappris ses manifestations extérieures. On portait l'extrême-onction à un malade; le prêtre marchait, le ciboire en main, sous un petit dais de damas rouge, suivi de ses acolytes et d'un enfant de chœur agitant sa sonnette; deux soldats, la baïonnette au bout du fusil, accompagnaient le saint sacrement, et, sur le passage du pieux cortége, les femmes se mettaient à genoux en plein marché, et disaient une courte prière à l'intention de l'agonisant inconnu : — touchante solidarité chrétienne! — puis le babil du marché et l'agitation de la vie reprenaient.

Saint-Étienne, malgré sa silhouette anglo-normande

un peu froide, un peu nue, un peu *protestante*, mais d'un dessin hardi et pur, mérite aussi qu'on l'aille voir; ses grands clochers pointus à vives arêtes s'enfoncent bien dans le ciel, et sa haute nef à fenêtres romanes a du caractère; nous le visitâmes en détail avant de saisir au vol le convoi de dix heures du matin qui devait nous transporter à Bayeux, où nous nous proposions de passer la journée. Vous voyez qu'avec un peu d'adresse, on peut mettre aussi longtemps à faire la route de Cherbourg en chemin de fer qu'en diligence.

II

Reprenons notre voyage où nous l'avons laissé.

Nous étions à Caen.

Des trains d'une longueur infinie se succédaient à intervalles rapprochés, emportant des populations entières; — ce qui n'empêchait pas des foules plaintives de rester sur les trottoirs de la gare. A chaque instant, le télégraphe faisait entendre sa sonnerie d'avertissement pour indiquer la marche des convois. Grâce à ce courrier électrique, que nulle vitesse ne dépasse, on pouvait laisser galoper les formidables chevaux de cuivre et d'acier, nourris de feu et d'eau bouillante. A travers le tumulte apparent régnait une admirable prudence, et aucun accident ne vint attrister la belle fête. — Des *cantonnières* en jupon court, en blouse bleue serrée par une ceinture, coiffées d'un chapeau de cuir verni, une trompette de signal en bandoulière, certifiaient, sur chaque côté de la route, que le passage était libre. Dans ce siècle, où les femmes ne trouvent aucun emploi hors des travaux d'aiguille, si peu rétribués, voilà une fonction qui n'exige ni force, ni long apprentissage. Il suffit de comprendre quelques signaux, d'exécuter une consigne avec attention et intelligence. Les femmes, plus sobres que les hommes, ne s'enivrent pas et sont moins sujettes à s'endormir; elles ont, en général, la vue plus longue et l'ouïe plus fine, et elles nous paraissent très-propres à ce métier.

A dix heures et demie, nous trouvâmes enfin place dans un wagon, que nous abandonnâmes à Bayeux, dont la silhouette, vue du débarcadère, nous plaisait fort. Une magnifique cathédrale, avec deux flèches aiguës et une tour posée à l'intersection du transept et de la nef, comme à Burgos, s'y découpait, au-dessus des toits, d'une façon superbe, pavoisée de drapeaux et de bannières. — Résister à une cathédrale est au-dessus de nos forces, et nous passâmes la journée à examiner celle-ci.

Nous voilà donc errant par les rues de Bayeux et laissant le train filer vers Cherbourg. L'aspect de la ville, même dans ce moment d'animation insolite, avait quelque chose de tranquille, de reposé, d'ecclésiastique, tranchons le mot. L'ombre de la cathédrale s'étend sur les maisons; les rues sont propres, silencieuses, presque désertes, et sous le sable répandu pour la fête pointe l'herbe, encadrement des pavés. Peu de boutiques, de longs murs de jardins, une promenade solitaire qui suffirait à une grande ville. Des prêtres vont et viennent comme à Rome, et sur une enseigne nous lisons : *Manuel, coupeur de soutanes*. L'Église a là un grand centre.

Dans notre époque d'anhélation industrielle, c'est une chose rare que de voir une ville paisiblement groupée autour de sa cathédrale, sans cheminées d'usine mêlées aux clochetons et s'étirant les bras dans ce doux ennui provincial qui n'est pas sans charme, et laisse du moins de longues heures à la rêverie.

Tordu comme une paille par le tourbillon parisien, nous avons dit souvent que le Temps n'existait plus qu'en bronze doré sur les vieilles pendules. Le Temps existe; nous l'avons retrouvé à Bayeux, très-bien conservé pour son âge.

La cathédrale a sa façade sur une petite place. Cinq porches, dont trois seulement percés de portes, s'ouvrent dans cette façade, qu'ils découpent de leurs pignons triangulaires. Au-dessus du porche central une grande fenêtre ogivale à balcon tréflé, puis une galerie à cinq arcades dont les pieds-droits contiennent chacun deux statues à dais ouvragé, pour finir une rose à demi effondrée. Deux des porches ont des voussures à quatre boudins gorgés de statuettes, et des tympans où sont représentés, dans l'un, le drame de la Passion, dans l'autre, le Jugement dernier.

Deux clochers carrés à triples contre-forts, à fenêtres romanes, encadrent ce portail et se terminent en flèches écaillées garnies de nervures sur les arêtes, et ornées à la base de petits clochetons pointus. Nous avons déjà parlé de la tour placée comme une sorte de dôme à la rencontre des bras de la croix avec la grande nef.

Nous tournions autour de l'église, fermée à cause de

réparations, si urgentes que sans elles on eût été obligé d'abattre l'édifice, qui menaçait ruine et se fût écroulé un jour ou l'autre sur le prêtre et les fidèles. Montant sur les pierres amoncelées dans les cours de l'ancienne abbatiale, nous regardions les hauts murs frappés, comme à l'emporte-pièce, du trèfle à quatre feuilles roman, et nous remarquions un immense platane presque aussi gros que ceux de la cour du sérail à Constantinople ou de Buyuk-Deré, sous lesquels, à ce qu'on prétend, s'arrêta Godefroy de Bouillon avant de passer en Asie.

Ce platane est un ancien arbre de la liberté planté là en 93, sans doute pour narguer l'église, et il se trouve juste en face de la prison. Antithèse du hasard, qui a l'air d'un sarcasme et fait rêver.

L'idée de Constantinople nous était venue à propos de ce platane, et, sur le seuil de la cathédrale, d'où la consigne nous repoussait, nous rencontrâmes, par une coïncidence bizarre, une figure connue là-bas, en Turquie, un architecte employé aux travaux de restauration, avec qui nous avions été en soirée chez l'ambassadeur de France, à Thérapia, sur le Bosphore. Notre ami nous fit entrer et nous pûmes, selon notre désir, admirer la belle nef et les curieuses sculptures.

Les quatre piliers, supports de la tour centrale, se délitaient et s'écrasaient sous le poids : M. Stéphane Flachat, l'ingénieur hardi qui refit le pont d'Asnières, détruit en 1848, sans interrompre un moment la circulation des trains, si active sur ce point, a soutenu la tour par de fortes charpentes et repris les piliers en substruction. Il fallait ce moyen héroïque ; sans quoi, l'édifice s'effondrait. Les nouveaux piliers sont en pierre excessivement dure et soutiendraient, jusqu'au jugement dernier, une charge triple.

Une chapelle latérale, à gauche, arrêta notre attention par une sculpture ancienne grossièrement coloriée et représentant les litanies de la Vierge, avec un arrangement qui rappelle les arbres généalogiques du Christ dans les églises espagnoles. Au sommet du tableau, un Père éternel entouré de rayons, déploie une banderole sur laquelle sont écrits ces mots : *Gloriosa dicta sunt de te*, et dans le cadre sont sculptés Abraham, Élie, Isaïe, David, Salomon, Achas ; le champ du tableau est occupé par les appellations des litanies figurées en relief et, comme dirait le blason, en armes parlantes : le soleil levant, l'échelle de Jacob, la porte du ciel, l'arche d'alliance, l'étoile de la mer, la pleine lune, l'arbre de la vie, la racine de Jessé, la rose sans épine, le temple de Salomon, la tour de David, le puits d'eau vive, la source de volupté, le miroir sans tache, le vase d'encens, la toison de Josué, la fontaine des grâces, la ville céleste et toutes ces délicieuses épithètes, ivres d'amour et de foi, que le fidèle balance devant la Vierge sur un rhythme monotone, comme un encensoir rempli des parfums du Sir-Hasrim.

Le chœur est gothique, mais la nef est romane. Les arcades s'arrondissent en plein cintre, les parties planes des murs sont papelonnées, nattées, clissées par un travail ressemblant assez à l'entrelacement des brins d'osier dans les corbeilles. Une bordure de trèfles quadrilobes estampés en creux règne le long de la corniche; des ornements de style archaïque à dessins contrariés zèbrent les voussures des arceaux. Entre les archivoltes, nous avons remarqué des médaillons en ronde bosse représentant des sujets tirés des bestiaires du moyen âge et tout à fait pareils à ceux qui figurent sur la cassette de saint Louis, que nous avons décrits ailleurs; on croirait qu'ils ont été faits sur le même *poncif* : les dragons adossés et affrontés, la panthère mettant en fuite une hydre, le chasseur domptant un lion, allégories de la foi triomphant de l'incrédulité, de la Vertu écrasant le Vice. — Les bas-reliefs de la cathédrale et les disques du coffret doivent être à peu près du même temps, du XIe ou XIIe siècle. Une de ces scuplltures, d'une exécution sauvage et barbare, nous fit longtemps chercher son sujet, et nous ne sommes pas bien sûr de l'avoir deviné. On y voit un personnage séparant avec les mains, comme en deux flots, son immense barbe, et montrant des cuisses tuméfiées et difformes que terminent des jambes grêles comme des pieds de satyre. C'est un Moïse, probablement ; car, d'après les traditions orientales, Moïse, attaqué de la lèpre, de l'éléphantiasis ou de quelque autre infirmité biblique de ce genre, fut guéri d'une façon miraculeuse. La symbolique du moyen âge dut trouver dans ce fait quelque allégorie pieuse capable de justifier ce bizarre motif de bas-relief.

Une des arcades est entourée d'un cordon de têtes ou plutôt de masques qui semblent, pour la fantaisie extravagante et la laideur monstrueuse, être copiés sur des idoles mexicaines ou des manitous de la Papouasie. Ce sont des faces décharnées ou bouffies, des hures, des groins que retroussent des crocs, des yeux caves ou en saillie, des bouches à triples rangs de dents, des singes, des diables, des chimères, d'atroces caricatures. Tout cela coiffé de cornes, de fleurons, de plumes, d'aigrettes du goût le plus baroque. Smarra, s'il se faisait sculpteur, ne fouillerait pas la pierre avec un caprice plus délirant. On devrait mouler ces hideux mascarons, qui sans doute personnifient des vices, supposition permise par la place qu'ils occupent juste en face de la chaire.

Un beau buffet sculpté, qui ne porte rien maintenant, devait soutenir un jeu d'orgues. Dans la cathédrale de Barcelone, l'orgue est placé latéralement sur la paroi gauche de la nef, comme il l'était sans doute ici.

L'église visitée, nous descendîmes dans la crypte, beaucoup plus ancienne et du plus pur style roman. Deux rangées de six colonnes chacune la divisent en trois nefs; les archivoltes conservent encore quelques traces de fresques où l'on distingue des anges agenouillés; c'est là qu'on enterre les évêques de Bayeux. Le dernier y repose depuis deux ans.

Un rayon de jour, pénétrant par un soupirail, tombait sur l'autel, refait en style antique, et produisait un de ces effets mystérieux, une de ces oppositions de lumière et d'ombre que recherchent les peintres et qui firent la réputation de Granet.

Jamais architecture ne fut plus significativement sépulcrale et n'invita mieux à se coucher en long sur une pierre, à l'ombre des voûtes basses, jusqu'à l'appel de la trompette. Aussi fût-ce avec un sentiment de plaisir que, remonté à la surface, nous revîmes le ciel brillant à travers les hautes fenêtres de la nef.

Une surprise nous attendait à la salle capitulaire. D'une chemise de vieux damas, on nous sortit une cassette renfermant la chasuble de saint Regnabert, — une cassette d'ivoire avec des coins, des ferrures et des incrustations d'argent! un chef-d'œuvre, une merveille venant du trésor d'Haroun-al-Raschild pour le moins! Des paons adossés, affrontés, déployant leur queue ocellée à travers des feuillages mats ou brunis, formaient le système de l'ornementation : les plaques d'ivoire, d'une grandeur extraordinaire, avaient dû être sciées en spirale dans les défenses des plus gros éléphants Toute la richesse du goût oriental le plus pur brillait dans ce joyau, écrin d'une relique. En l'examinant de plus près, nous découvrîmes sur la garde de la serrure une inscription arabe où nous reconnûmes le nom d'Allah. « Au nom du Dieu clément et miséricordieux, bénédiction complète et grâce générale; » tel est le sens de la légende, qui ne messied pas à la pieuse destination du coffre. Comment cette cassette de calife est-elle venue à Bayeux servir de reliquaire? Les croisades expliquent ce long voyage, et une tradition veut qu'elle ait été donnée à l'église par la reine Mathilde.

La reine Mathilde ! — ce nom nous rappelle à propos la célèbre tapisserie de Bayeux ; — avons-nous le temps de l'aller voir? — Oui, — le train ne passe qu'à cinq heures. Elle se trouve à la bibliothèque de la ville, et nous voilà parti.

On a souvent décrit, souvent dessiné la tapisserie de la reine Mathilde; nous avons parcouru les livres, regardé les dessins, et nous nous figurions, nous ne savons pourquoi, voir une tapisserie de haute ou basse lisse, comme beaucoup de tapisseries du moyen âge parvenues jusqu'à nous. La tapisserie de la reine Mathilde est, à proprement parler, une broderie faite avec des laines de couleur sur une bande de toile blanche, longue de 70 mètres 34 centimètres, sur 50 centimètres de hauteur.

Cette interminable bandelette est exposée sous verre, dans une montre dont elle couvre les deux côtés en se reployant sur elle-même, arrangement ingénieux qui permet de suivre pas à pas la procession des sujets historiques qu'elle représente. C'est un monument très-original que cette sorte de frise, de panathénée à l'aiguille, tracée par la reine femme du héros qui changea son nom de Guillaume le Bâtard contre celui de Guillaume le Conquérant, à peu près comme Hélène traçait sur le canevas les exploits des Grecs et des Troyens sous les murs d'Ilion.

Des inscriptions latines accompagnent chaque action, nomment chaque personnage et ne laissent aucun doute.

Le style du dessin a quelque chose de primitif et d'étrusque ; ces figurines anglo-normandes, hautes de quatre ou cinq pouces, ressemblent parfois aux héros des vases grecs ; les chevaux, rouges, verts, bleus, ont l'aspect le plus étrange, et nous en avons vu de pareils sur les peaux de bison où les Ioways peignaient des combats avec les couleurs de leurs tatouages.

Quelle chose singulière lorsque tant d'édifices si solides se sont écroulés, que cette frêle bande de toile soit parvenue à nous intacte à travers les siècles, les révolutions et les vicissitudes de toute sorte ! — Un bout de canevas a duré huit cents ans !

Maintenant qu'il ne nous reste plus rien à visiter à Bayeux, dînons, et attendons le train qui nous mènera coucher à Carentan.

III

Ces immenses mouvements de population que le chemin de fer rend possibles, prennent au dépourvu la civilisation telle qu'elle est installée. Il faut à ces multitudes affamées que les convois déversent sur le débarcadère des noces de Gamache, des festins de Gargantua ; nulle table d'hôte n'est assez longue, nul buffet suffisant. Mille mains se tendent vers le même plat, on arrache les bouteilles aux sommeliers ahuris, une chaîne de marmitons se transmettent les victuailles interceptées au passage. Antiques restaurateurs qui écriviez fastueusement sur vos enseignes : « Salon de cent couverts, » vous êtes dépassés ! Bâtissez pour l'avenir d'interminables galeries, faites raboter de nombreuses rallonges, monopolisez toute l'argenterie de Ruolz et Elkington ; cela ne sera pas assez encore !

A Carentan, aux alentours de la station, étaient dressées des cuisines-tentes ; devant des foyers improvisés tournaient des broches chargées de viandes, et, comme dans l'*Iliade*, la grasse fumée des victimes montait dans le ciel jusqu'aux narines des dieux. La nuit tombait ; nous distinguions vaguement, à travers l'ombre, des arcs de triomphe, des mâts pavoisés, des guirlandes de feuillage, tout en errant au hasard, à la quête d'un gîte. Les auberges regorgeaient de monde, et les hôteliers superbes nous renvoyaient d'un air dédaigneux. Déjà, dans l'écurie, les quadrupèdes avaient dû céder leur place et leur botte de paille aux bipèdes. En Espagne, en Grèce ou en Afrique, une nuit à la belle étoile ne nous eût pas effrayé ; mais, comme dit Molière, le ciel s'était déguisé ce soir-là en Scaramouche, et pas une étoile ne montrait le bout de son nez. La nuit était si noire, que nous allions à tâtons, à la manière des aveugles, dans des rues inconnues, éclairées de loin en loin par les lanternes des diligences qui passaient lourdement, écrasées de voyageurs, avec un bruit de ferraille.

A la fin, nous vîmes flamboyer les vitres d'une auberge plus hospitalière, pleine de bruit, de chocs de verres et de tintements d'assiettes. Là, on ne parut pas trouver trop ridicule notre désir de souper et de nous coucher. On nous servit des viandes froides, du jambon, du cidre, du vin et du café, et, notre réfection prise, on nous confia à une servante, munie d'un falot, qui nous conduisit au bout de la ville, dans une maison inhabitée, à laquelle l'isolement, le silence et la nuit prêtaient bien gratuitement une apparence sinistre. On eût dit *la Maison déserte* des contes d'Hoffmann.

Une grande chambre démeublée au rez-de-chaussée, dont on ouvrit la porte avec peine, contenait deux lits. On nous laissa là, en compagnie d'un bout de chandelle, en nous disant qu'il y avait un beau jardin pour nous promener si la fantaisie nous en prenait. Vu l'heure et la situation, ce discours nous parut profondément ironique.

Nous devons à la vérité de dire que notre lit ne s'engloutit dans aucune trappe, que nul spectre ne vint moucher notre lumière de ses doigts osseux, et que pas le moindre bandit, à chapeau pointu et à plume de coq, ne nous enleva notre bourse. — Le jardin, rempli de fleurs, éclairé par le soleil levant, étincelait sous la rosée, et nous en parcourûmes avec plaisir les allées, où nul piége à loup ne nous prit la patte. La maison lugubre était un ancien magasin à sel en train de devenir une hôtellerie.

Les légendes de Carentan, qui ne sont pas toutes à l'honneur des aubergistes, ont conservé la mémoire d'un fameux déjeuner de Junot, duc d'Abrantès, compté douze cents francs, et dont, tout étonné de la somme, il exigea le détail, où figurait pour cinq louis « un fin caneton de Rouen, nourri de fine fleur de farine. » — Notre déjeuner nous coûta moins cher; il est vrai qu'il n'y avait pas de canard sur notre carte.

L'église de Carentan est très-curieuse à voir; mais, à notre grand regret, le temps nous manqua pour la visiter, et il fallut, en nous levant de table, nous diriger vers la station. Les rues, pour la solennité, étaient sablées de tangue, cet engrais que la mer dépose dans des anses où l'agriculture le recueille. La substitution de la tangue au sable indiquait le voisinage de l'Océan, dont le vent salé et frais se faisait déjà sentir.

Le train arriva, mais si chargé, si encombré, que nous dûmes nous estimer heureux d'être placé, par faveur, dans un wagon de bagages où nous nous assîmes au milieu d'un chaos de malles se présentant par les angles les plus hostiles; mais, quand on a, comme nous, couru la poste dans une galère espagnole qui n'avait pour fond qu'un filet de sparterie, on se trouve bien partout.

Jusqu'à présent, nous n'avons rien dit du paysage qui s'étale et se replie de chaque côté de la voie comme une carte d'échantillons : ce sont des terrains faiblement ondulés, zébrés de cultures, des bouquets d'arbres, des files de peupliers, des collines à courbes molles, des cours d'eau blanchissant sous la roue d'un moulin, une petite rivière qu'enjambe un pont, des villages signalés par leur clocher, des maisons dont on aperçoit les jardins et les cours comme dans une vue cavalière : un ensemble de choses gracieuses, fraîches et jolies, sans grand caractère. Mais, à partir de Carentan, l'aspect du pays change; la perspective s'agrandit et devient singulière : on entre dans le marais.

On se croirait en Hollande, à voir cette plaine vaste comme une mer, unie et verte comme un tapis de billard, que ne soulève aucun pli de terrain et qui garde inflexiblement son horizontalité; le ciel immense pose sans intermédiaire sur l'étendue immense. Contrairement à l'idée commune, rien n'est plus pittoresque.

Des coupures, des rigoles remplies d'une eau teinte par la tourbe, et brune comme du café sillonnent çà et là la prairie tachetée d'innombrables bestiaux qui se lèvent et fuient, effrayés du grondement des trains; quelques arbres, quelques cahutes, des ponceaux et des bondes de poutres et de planches font seuls saillie sur le plan uniforme que domine le remblai du chemin de fer.

Que de travaux il a fallu pour solidifier ce terrain mouvant où les pilotis s'enfoncent par leur propre poids, où les pierres descendent et disparaissent dans la vase tourbeuse! L'eau filtre sous cette croûte molle incapable de supporter la charge du ballast, des rails et des locomotives. A un certain endroit, trois ponts se sont affaissés successivement l'un sous l'autre, faisant jaillir la terre détrempée autour d'eux; mais rien n'est impossible à l'industrie moderne : les ponts enfouis, avec leurs étages d'arcades noyées, ont servi de substruction à la voie définitive, et la pesante machine suivie de sa queue de wagons passe sans péril là où se fût embourbée la plus légère charrette.

Il est vrai que, pour éviter les tassements, on modère l'allure dans toute cette partie du chemin, et que l'on ne va guère plus vite qu'en chaise de poste. Qui eût dit, il y a vingt-cinq ans, qu'un jour on emploierait le mot *poste* pour donner une idée de lenteur?

Aux approches de l'automne, le marais, comme on l'appelle, se peuple de canards, de grèbes, de bécassines, de courlis et autres oiseaux aquatiques, qui s'abattent là par nuées innombrables. Les chasseurs s'en donnent à cœur joie, et ne regrettent ni les chutes jusqu'au col dans les flaques masquées de lentilles d'eau, ni les longues heures d'affût sous les huttes de joncs, ni les courses à travers le brouillard qui se résout en bruine pénétrante.

Bientôt le terrain se raffermit et la vapeur reprend le galop ; le temps perdu est vite rattrapé.

Enfin, nous voici à Cherbourg. Le fort du Roule, perché sur une haute montagne dont les flancs escarpés mettent à nu de longues stries granitiques, apparaît dans un ciel joyeux et débarrassé de nuages. A côté, sur une croupe plus basse, s'élève au-dessus d'une tente un gigantesque drapeau aux couleurs d'Angleterre.

La foule descend et se précipite vers ses bagages ; nous, d'un pas plus tranquille, nous nous dirigeons vers le camp de la gare : un véritable camp, ma foi, mamelonné de tentes prêtées obligeamment par l'intendance militaire.

Les limites du camp étaient marquées par une palissade, et des soldats en gardaient l'entrée unique ; précaution nécessaire, car l'enceinte eût bientôt été envahie. Le sol, très-inégal, avait été, quelques jours auparavant, soigneusement nivelé et recouvert d'une épaisse couche de sable. Des rues de tentes portant chacune un nom illustre dans l'histoire, la guerre ou l'industrie, divisaient régulièrement l'espace. Un entrepôt de marchandises arrangé avec goût contenait les salles à manger, et les cuisines desservies par Potel et Chabot. Un cabinet de lecture, une boîte aux lettres, un bureau de renseignements montraient toute la sollicitude de la Compagnie pour ses hôtes.

C'était un coup d'œil charmant que toutes ces tentes de toile ou de coutil, installées avec une précision militaire, et dont les pans relevés permettaient de voir le mobilier neuf, propre et confortable. Chaque tente renfermait trois lits, et les cartes de logement étaient distribuées de manière à grouper des amitiés, des sympathies ou tout au moins des connaissances.

La nôtre était située sous un hangar dans un angle du camp, et précédée d'un jardinet de lierre d'Irlande et de bruyères en fleur. Nous avions déjà vécu sous la tente lorsque nous accompagnâmes le maréchal Bugeaud, en 1845, dans l'expédition de Kabylie; aussi notre emménagement fut-il bientôt fait.

« A la gare comme à la guerre, » disaient les Parisiens, qui, à peine débarqués, saluaient leurs habitations de toile d'un calembour approximatif.

Tout en nous promenant dans les allées, nous songions que ce camp de la gare improvisé pour une circonstance deviendrait un des besoins, une des nécessités de l'avenir. Quand le réseau des chemins de fer sera terminé, les peuples qui ne se sont jamais vus se visiteront en masse d'un bout du monde à l'autre, une inauguration de port, l'immersion du canal de Dieppe à Paris, l'achèvement de quelque ouvrage monumental et gigantesque, l'expérience d'une invention nouvelle qu'on ne saurait prévoir, un avènement glorieux, un triomphe, pourront amener le même jour sur un point cent mille visiteurs et peut-être davantage. Chaque ville devra posséder un camp des étrangers, des hôtes, si vous l'aimez mieux, un caravansérail tout prêt à loger la multitude voyageuse que ses murs ne sauraient admettre; il y aura des greniers et des parcs de réserve pour nourrir ce surcroît de population dont l'arrivée ne causera aucun trouble, aucun souci, aucun embarras, car elle sera devenue un fait normal et prévu.

Tous, dans un avenir prochain, verront les spectacles jadis réservés à quelques-uns, et il faut, dès à présent, s'habituer aux gigantesques développements de la vie future. Sept cent vingt personnes déjeunaient et dînaient dans l'immense baraque de la gare.

Nous n'avons aucune envie de faire le menu des repas, mais qu'on nous permette de rapporter ici quelques-unes de nos observations. Elles serviront à marquer la différence des temps anciens aux temps nouveaux.

Figurez-vous une galerie colossale divisée en deux compartiments et garnie de tables en retour d'équerre. L'office et la cuisine occupaient l'un des bouts. Comme dans tout ce qui est trop grand, l'homme n'était plus proportionné à la chose. Il aurait fallu un railway avec un petit wagon pour faire glisser les mets du point de départ aux extrémités ; des relais de garçons se transmettaient les plats, les assiettes, les couteaux et les cent ustensiles du service. Malgré la précaution de buffets placés de distance en distance et la division par escouades, les malheureux serviteurs se trouvaient, à la fin de chaque repas, avoir fait plusieurs lieues.

Ces agapes démesurées seront communes dans l'avenir. Londres en corps viendra dîner chez Paris, et réciproquement. Des machines découperont ; des tenders chargés de bouteilles parcourront la table sur des rails d'argent ; des pompes à chapelet monteront le potage à la bisque ou le turtle-soup de la marmite à la soupière ; on aura des porte-voix pour les toast et des cordons acoustiques pour les conversations particulières entre convives placés souvent à un kilomètre de distance. Qu'auraient dit les Grecs avec leur élégant précepte de table : « Pas moins que les Grâces, pas plus que les Muses ? »

Cette vie monstrueusement gigantesque des générations futures nous a souvent préoccupé pendant ce voyage, où nous en avons entrevu la vague ébauche. Les jeunes formes commencent à crever partout les vieux moules, et l'ancien monde, le monde où nous avons vécu, tombe en ruine : bien qu'à peine ayant atteint l'âge mûr, nous ne sommes plus contemporain de notre époque. Aucune des habitudes de notre jeunesse ne subsiste, et personne ne pense plus aujourd'hui aux choses qui nous passionnaient. — Il nous faut étudier tout à nouveau, comme un petit enfant. Nous savions les formes des stances, l'entrelacement des sonnets, le timbre des rhythmes; belle affaire, vraiment! Et les organes des machines à vapeur, et le système tubulaire, et les rondelles fusibles, et la surface de chauffe, et les pistons, et les clapets, et les roues à aube, et l'hélice unie, et l'hélice striée? Si nous nous trompons d'un mot, les gamins se moquent de nous. Ne nous en plaignons pas trop : nous sommes à une époque climatérique de l'humanité. Ce siècle marquera dans les annales du monde, et c'est aujourd'hui plus que jamais que le mot du sage : « Je vis par curiosité, » a un sens profond. — L'homme pétrit vaillamment sa planète, et qui vivra verra — de grandes choses.

Et Cherbourg? — On vous l'a raconté déjà de cent façons, car c'est un caractère du temps nouveau : tout le monde sait tout en même temps. La plume court, mais l'électricité vole, rapide comme la lumière. Cent mille yeux voient, des millions d'yeux lisent; aucun fait n'est inédit; on n'a plus à soi que sa pensée, et encore!

Mais voilà bien des réflexions. Allons remettre notre carte, comme il convient, au vieux père Océan, dont les colères bientôt ne feront plus peur à personne; nuit et jour, sans se fâcher, il reçoit des soufflets de la vapeur, et il renferme dans sa verte poitrine le câble transatlantique sans pouvoir deviner les messages qui s'échangent entre l'ancien monde et le nouveau. Pauvre vieux père Océan, devenu facteur de la poste aux lettres! tu ne sépares rien, tu n'empêches rien, tu n'as plus qu'une immensité relative, puisqu'on te traverse en une semaine. Il ne te reste que ta beauté!

IV

Aucun spectacle ne donne à l'orgueil humain une satisfaction plus légitime que la vue d'un port, et surtout d'un port comme celui de Cherbourg. Quand on pense qu'un pauvre petit animalcule, acarus d'une planète, point perdu au milieu de l'espace, exécute de si gigantesques travaux avec quelques outils de fer, quelques poignées de poudre noire à laquelle il met le feu, on se sent saisi de respect pour cet atome ingénieux, cet éphémère doué d'une telle persistance. L'Océan, avec son immensité, est moins grand que lui.

A propos de l'Océan, que nous avions qualifié de facteur, il paraît qu'il se lasse déjà de porter les lettres et ne transmet les dépêches qu'avec beaucoup de mauvaise grâce. — Vou. vous ferez donner sur les oreilles, père Océan! l'esprit de l'homme est plus fort que votre vague, et il faut tôt ou tard lui obéir; il saura bien trouver dans son livre magique la formule nécessaire pour vous y forcer.

Tout le bassin était rempli de navires, de pyroscaphes, de barques pavoisées, de canots pressés en apparence à ne pouvoir se remuer. Une légère brise faisait palpiter les flammes et les banderoles de toutes couleurs ; les cheminées des bateaux à vapeur dégorgeaient leur fumée blanche ou noire ; les cordages, les vergues, les antennes s'entre-croisaient en fils menus comme les hachures d'un dessin, et, par interstices, l'eau brillait entre les embarcations comme un miroir brisé en un million de morceaux. Sur le quai circulait à pas lents une foule compacte ; mais la mer n'était pas moins peuplée que la terre ; les steamers qui d'instant en instant partaient pour la rade, où stationnait la flotte, s'enfonçaient et penchaient sous le poids des passagers ; les tambours des roues, la passerelle d'observation étaient chargés de monde ; pour occuper moins de place, les voyageurs se tenaient debout, il y en avait jusque sur le plat bord ; à peine si le pilote avait les bras libres pour faire tourner la roue du gouvernail. En certaines circonstances, la compressibilité de la foule est un phénomène vraiment incompréhensible : elle renverse, les jours de fête, l'axiome « le contenant doit être plus grand que le contenu ; » on n'a pas idée d'une agglomération pareille.

La Compagnie du chemin de fer avait frété gracieusement pour ses hôtes *l'Éclair*, bateau à vapeur bien baptisé, car il fait la traversée de Cherbourg au Havre en quatre heures cinquante minutes. Il portait un pavillon avec ce mot : OUEST, en grandes lettres noires, et ne faisait qu'aller et venir, menant les invités sur tous les points où il y avait quelque chose à voir.

On ne saurait imaginer avec quelle prestesse de dorade frétillant de la queue *l'Éclair* se glissait parmi ce tumulte de navires, les uns rentrant, les autres sortant, tous se croisant et se frôlant. Quelle sûreté de manœuvres ! quelle promptitude à virer, à battre avant, à battre arrière pour éviter les abordages, pour ne pas couper en deux un canot trop hardi ! Les aubes, les hélices, les rames, les proues brassaient, tordaient, fouettaient, coupaient l'eau de cent façons ; l'écume des remous blanchissait le granit des quais et festonnait le cuivre des coques. C'était un clapotement joyeux, un chœur confus de cent mille voix que perçaient les cris stridents des mousses traduisant les ordres des capitaines, et que dominait de temps à autre la basse des canons de la rade exécutant quelque salve à grand orchestre. Comme le lion, le canon se fait toujours entendre : quand il parle tous les bruits se taisent et ne sont plus que des murmures.

Lorsque nous eûmes dépassé le goulet du bassin et que la houle plus large de la rade vint balancer notre bateau, nous ne pûmes nous empêcher de pousser un cri d'admiration, grave infraction aux règles du dandysme, car admirer, c'est montrer soi inférieur : mais nous ne sommes pas un dandy ; devant nous se déroulait un spectacle merveilleux !

Le yacht qui avait amené Sa Majesté Britannique était en rade, et l'on distinguait, sous un rayon de soleil, ses tambours peints en jaune paille et ses cheminées couleur saumon ; à quelque distance se tenait, comme un garde du corps respectueux, *le Royal-Albert,* immobile au milieu de la légère fluctuation de la mer ; sa haute poupe, ses flancs évasés rappelaient un peu les anciennes formes françaises du temps de Louis XIV.

Un peu plus loin, décrivant un arc faiblement courbé, étincelait et papillotait la flottille des yachts, la plupart anglais, venus pour assister à la fête. Leur nombre, sans exagération, pouvait s'élever à cent cinquante ou deux cents ; ces délicieux bâtiments de plaisance, faits par d'habiles constructeurs, en bois de teck ou des îles, présentent les coupes les plus fines, les lignes les plus sveltes et les mieux combinées pour la marche; ils sont aménagés avec une richesse intérieure qui n'a rien à envier aux boudoirs terrestres; leurs mâts élevés, leurs longues vergues peuvent déployer beaucoup de toile et ramasser le moindre souffle de vent ; c'est un luxe charmant que nos sportmen se donneront lorsque Paris sera devenu un port de mer; ils trouveront des équipages tout formés... chez les canotiers de la Seine.

Ces yachts, sans exception, étaient pavoisés, c'est-à-dire couverts de bannières, de flammes, de pavillons, de banderoles attachés aux cordages depuis le sommet des mâts jusqu'à fleur d'eau. Toutes les combinaisons d'émaux et de couleurs que peut fournir le blason naval figuraient là en échantillons nombreux, et l'œil s'amusait de toutes ces étoffes bariolées, qui ressemblaient de loin à des essaims d'oiseaux multicolores qui se seraient abattus sur les agrès.

A chaque instant passaient, donnant de la bande tant ils étaient chargés, des paquebots anglais de Southampton, de Newhaven, des bateaux à vapeur du Havre, de Trouville, de Rouen même, mis en réquisition pour la circonstance. Il était impossible de discerner leur pont, littéralement pavé de têtes, sur un fond d'habits noirs.

Ce tableau magnifique avait pour arrière-plan les vaisseaux de guerre français, *Saint-Louis*, *Alexandre*, *Austerlitz*, *Ulm*, *Donawerth*, *Napoléon*, *Eylau*, *Bretagne*, *Isly*, qui, rangés en ligne à des distances symétriques, dessinaient au-dessus des flots leur silhouette grandiose avec cette élégance sévère, caractéristique de notre marine. — Quelle œuvre colossale, titanique, prométhéenne que la construction d'un vaisseau de guerre : du jour où la carcasse s'ébauche sur le chantier, pareille au squelette d'un Léviathan anté-diluvien, jusqu'à celui où il prend le large, ses cent canons mettant leur nez de bronze à la fenêtre des sabords! Mais ne nous donnons pas le ridicule de découvrir le vaisseau et de nous étonner à propos de tout comme une souris sortant de son trou pour la première fois. Nous prions le lecteur de croire que nous avons déjà vu des vaisseaux autres que ceux du *Corsaire*, du *Fils de la Nuit* et de *Jean Bart*.

Un échange perpétuel de communications avait lieu entre la ville et la flotte ; de grands canots commandés par un officier assis à la poupe, ouvraient et refermaient leur éventail de longues rames, et circulaient à travers la cohue des bateaux à voile et des bateaux à vapeur, avec l'insouciance majestueuse de cygnes parmi des flottilles d'oiseaux aquatiques.

Nous vîmes les régates de trop loin pour suivre les

chances diverses de la lutte : on faisait tenir les embarcations à distance, et, d'ailleurs, le soleil tombait d'aplomb sur la mer, à ce moment-là; l'eau tremblotait avec un fourmillement lumineux comme du vif-argent remué, et les canots y faisaient l'effet de taches noires.

Comme nous l'avons dit en commençant, notre intention n'était nullement de faire un récit de ces belles fêtes qui laisseront un si long souvenir; aussi notons-nous au hasard, en y mêlant quelque idée philosophique, ce qui nous a frappé à notre point de vue de poëte et d'artiste. De noms propres, vous n'en verrez pas un seul dans ces lignes, excepté ceux qui tombent sous notre juridiction ordinaire.

Ainsi que beaucoup d'autres, sur *l'Éclair*, nous avons suivi à distance respectueuse la revue de la flotte par l'empereur. Nous ne vous raconterons pas l'équipage debout sur les vergues, la réception du canot impérial au bas de l'échelle d'honneur, le défilé sur le pont des soldats de marine, vous savez tout cela mieux que nous; mais nous tâcherons de vous peindre quelques effets de fumée bizarres. Au départ de l'auguste visiteur, chaque vaisseau saluait à bâbord et à tribord de sa triple rangée de canons; les coups se suivaient comme réglés par un chronomètre, sans intervalles et pourtant séparés, s'appuyant l'un l'autre avec une insistance formidable ; quels logiciens serrés! ils donnent raison sur raison. La première série d'arguments épuisée, l'autre recommence, et ainsi de suite. Une lueur crève dans un nuage blanc, un coup de foudre se fait entendre, et bientôt tout le flanc du navire est couvert, comme le flanc d'une montagne, de vapeurs bleuâtres qui rampent indécises jusqu'à ce que le vent les emmène; dans une bordée, vue de face, la flamme du canon tournoya comme un orbe de feu s'élargissant à travers la fumée. Une autre fois, le soleil, se trouvant de l'autre côté du nuage produit par la salve, apparut comme un grand bouclier rougi à la forge; éclairées ainsi, les fumées prenaient des tons roux et fauves d'une richesse extrême, et sur l'eau scintillaient des iris et de folles bluettes comme sur le métal en fusion. Le corps sombre du navire faisait valoir ce flamboiement par une opposition vigoureuse. Nous livrons cet effet observé par nous aux peintres de marine, à Isabey, à Gudin, à Morel-Fatio, à Durand-Brager. C'est un joli motif.

Que diraient de ce fracas ceux qui reprochent l'abus des cuivres aux musiciens modernes? Ils trouveraient sans doute le diapason trop élevé; mais le bruit porté à cette intensité est, par lui-même, une chose magnifique, puissante et joyeuse. Il est un élément de fête, il rhythme les grandes manifestations, il supplée à la voix insuffisante de l'homme ; il soutient, de sa basse profonde, le chœur un peu grêle des foules, il remplit l'espace et annonce au loin la solennité. Ce gigantesque orchestre de la flotte et des forts nous faisait songer que le bruit manquait aux fêtes des anciens, et nous revoyions passer sur un fond bleu les panathénées ou les thesmophories ; un chœur de jeunes vierges, aux blanches draperies toutes plissées pour le bas-relief, conduit par une lyre ou une flûte, accompagné par le crépitement des rauques cigales, sans tumulte, presque en silence. Le berger paissant les chèvres sur le Parnès ou le Lycabète, la femme lavant sa chlamyde dans l'Ilissus, à deux pas de l'Acropole, pouvaient ne pas se douter qu'une théorie défilât sous le portique du Parthénon.

A quoi bon ce souvenir athénien à propos de Cherbourg? Il nous ramène à notre idée première, à notre point de départ : la civilisation antique était à l'échelle de l'homme, la civilisation moderne doit être à l'échelle de l'humanité. C'est pourquoi les canons font mieux que les petites flûtes dans une fête de notre temps. La population tout entière de l'Attique n'égalait pas en nombre les visiteurs de Cherbourg.

Le feu d'artifice tiré sur la mer, où frissonnaient, en paillettes d'argent, les reflets des bombes lumineuses, était bien beau, sans doute; mais il se perdait un peu entre la double immensité du ciel et de l'Océan, du moins pour les spectateurs qui, comme nous, le regardaient de la rive; il eût fallu des fusées colossales chargées de quintaux de poudre.

Celui de la place d'Armes nous fit beaucoup de plaisir, car nous étions assez près pour n'en perdre aucun détail. Nous professons pour les feux d'artifice une passion toute chinoise. N'est-ce pas le paroxysme de la couleur, le blanc, le jaune, le bleu, le rouge, le vert, le violet portés à leur dernier degré de puissance; des vitraux qu'éclaire un incendie, des saphirs, des rubis, des topazes, des émeraudes en conflagration? Et quelles courbes élégantes décrivent sur le noir profond de la nuit les chandelles romaines, les bombes à pluie d'argent ou d'or!

La pièce principale représentait, tracée par un contour de feu, la statue équestre de Napoléon Ier par M. Leveel, dont l'original en bronze domine la mer du haut de son piédestal granitique.

Après le feu d'artifice, une surprise nous attendait au camp de la gare; on avait improvisé un théâtre et une

3.

salle de spectacle dans le débarcadère. — Il y avait vaudeville et pantomime; madame Doche et un acteur du nom de Poirier jouaient *un Monsieur et une Dame*, Deburau et sa troupe, *Pierrot coiffeur*.

Le décor de forêt, le seul qu'on eût pu se procurer, ne convenait pas du tout à la situation d'un monsieur et d'une dame forcés de passer la nuit dans la même chambre d'auberge avec une intimité fâcheuse pour l'une, charmante pour l'autre. La pièce, jouée avec une gaieté folle à travers mille petits contre-temps de mise en scène, n'a peut-être jamais obtenu autant de succès. — Madame Doche s'y est montrée admirable de verve et d'entrain. Elle a dit aussi une ode de M. Belmontet avec un bonheur d'expression qui n'avait d'égal que sa bonne volonté.

Les petites danseuses danoises, ce corps de ballet lilliputien qui exécute des pas et des ensembles avec une précision admirable, formaient le bouquet de la représentation.

Dans *Pierrot coiffeur*, Deburau, ce mime si fin, si délicat et si expressif sans grimace, a fait rire aux larmes toute l'assistance; cependant, de temps à autre, malgré la perfection de son jeu, un sifflet long, aigu, persistant, se faisait entendre ; ce bruit est toujours désagréable pour une oreille d'acteur ; mais ce sifflet inquiétant partait des poumons d'airain de la locomotive, lâchant son jet de vapeur stridente, car le spectacle n'interrompait nullement le service du chemin de fer ; les trains s'arrêtaient à quelques pas de la toile de fond, qu'ils regardaient comme avec stupeur de leurs grands yeux rouges. Des voyageurs sortaient des wagons, traînant leurs sacs de nuit, et, sur le trottoir de la gare, Arlequin et Colombine, se tenant par le bout du doigt, attendaient leur réplique pour faire leur entrée. O Carlo Gozzi, que t'en semble? Colombine, avec son jupon court à taillades, Arlequin, avec son museau bergamasque, ces êtres de la fantaisie et du caprice mêlés de la sorte à la réalité la plus mathématique ! Figurez-vous Joseph Prudhomme à moitié endormi du voyage, se rencontrant nez à nez à la gare avec deux masques de la comédie italienne, et leur disant de sa voix de basse : « Pardon, belle dame ! excusez, monsieur ! » C'est là un des caractères du temps ; le chariot de Thespis, la charrette du *Roman comique* sont remplacés par la locomotive ; l'Étoile et la Rancune jouent, non dans des granges, mais dans des gares!

V

On nous avait beaucoup parlé du château de Tourlaville et de l'histoire mystérieuse qui s'y rattache. Tourlaville n'est qu'à cinq kilomètres de Cherbourg : une simple promenade avant déjeuner et qui ne dérangeait en rien nos projets du jour. C'eût été manquer à nos devoirs de voyageur que de ne pas faire cette petite excursion ; aussi nous voilà parti sur un char à bancs de louage. La route est charmante, et, comme elle s'élève en pente douce, on domine bientôt Cherbourg avec ses toits d'ardoises rejointoyées de ciment, ses bassins, ses forts et sa rade ; puis on s'enfonce à droite par de jolis chemins de traverse bordés d'arbres et de haies, et l'on arrive au château de Tourlaville.

Le premier aspect du château, ruiné juste à point pour être pittoresque, saisit comme un décor d'opéra. Un large fossé dans lequel court une eau vive où de vieux arbres trempent le bout de leurs branches, séparc le chemin de la cour d'honneur. Le fossé est enjambé par un pont menant à une porte enveloppée d'un lierre vigoureux qui forme comme un arc de triomphe en feuillage.

Le pont franchi, on entre dans la cour, que traverse, parmi les pierres, les graviers et les débris, un petit ruisseau d'eau limpide ; le manoir proprement dit, bâti en équerre avec les communs et les bâtiments d'exploitation, s'élève à la gauche. Son architecture est dans le style renaissance. Le corps de logis principal offre six fenêtres à croisillons de pierre formant deux étages et surmontées de lucarnes à piliers et à volutes échancrant un haut toit aigu brodé sur la crête d'une acrotère interrompue par trois corps de cheminée. Une seule des tours subsiste ; elle est ronde et coiffée d'un toit en éteignoir, et a une bonne silhouette seigneuriale. L'autre tour, que fait supposer la symétrie nécessaire du plan, a été abattue, comme l'indiquent des arrachements et des décombres à la place où elle devait s'élever et qu'occupe une petite chapelle bâtie sans doute en expiation du crime qui fait une légende au château de Tourlaville comme à un burg du Rhin. Les autres bâtiments, à demi tapissés de plantes pariétaires, n'ont rien de particulier, si ce n'est quelque moulure de porte, quelque ornement sculpté, quelque lucarne ouvragée montrant qu'à cette belle époque, l'art ne dédaignait pas d'apposer son cachet aux constructions les plus humbles et de l'usage le plus vulgaire.

Il faut bien vous dire la légende du lieu, — la cause célèbre; — nous le ferons en aussi peu de mots que possible, empruntés à un petit livret local. Ce château était habité autrefois par une famille de Ravalet qui avait la seigneurie de Tourlaville. Convaincus du crime d'inceste, deux enfants de cette maison, Julien de Ravalet et la belle Marguerite, sa sœur, femme de noble homme Jean le Faulconnier, furent condamnés à mort et exécutés sur la place de Grève, à Paris, le 2 décembre 1603.

La tradition orale attribue aux ancêtres de ces suppliciés une série de crimes. Leur père, Jean de Ravalet, gentilhomme de la chambre de Louis XIII, et Madeleine de Lavigne, leur mère, ainsi que Jean de Ravalet, abbé de Hambie, leur oncle, firent diverses fondations pieuses pour effacer ces crimes héréditaires.

Voilà le fait réduit à sa plus simple expression ; mais ce souvenir suffit pour donner un intérêt dramatique et romanesque à ce manoir demi ruiné et d'apparence si paisible, où régnait une sorte de fatalité monstrueuse comme celle de la tragédie grecque et dont les murs semblaient suer le crime sur ceux qui les habitaient.

Aujourd'hui, rien ne rappelle ce passé sinistre. Le manoir est la propriété de M. de Tocqueville; une famille de paisibles cultivateurs l'occupe, et s'arrange le mieux qu'elle peut dans cette ruine légendaire.

La grande salle du rez-de-chaussée, où l'on voit une haute cheminée à pilastres creusés de cannelures, est devenue la cuisine ; un lit enfermé dans une sorte de boîte à la mode bretonne, rappelant assez les cadres de navire, garnit l'un des angles. Des vases de cuivre jaune bien fourbi dont le nom local est *canes* — un ressouvenir grec, peut-être, maintenu à travers les siècles — sont rangés sur les planches avec des cuillers, des moules à chandelles et d'autres ustensiles aussi en cuivre; sur les murs, l'imagerie d'Épinal a collé ses grossières gravures sur bois, plaquées de couleurs violentes. Nous avons remarqué dans ce musée campagnard un saint Thomas, accompagné d'une complainte en trente couplets. Ces images enluminées nous plaisent. Elles ont du caractère dans leur barbarie et indiquent chez leurs incultes possesseurs un naïf sentiment d'art, contenté à peu de frais sans doute, mais respectable et touchant. Pour les chaumières, la fabrique d'Epinal remplace le mont Athos, qui peuple le monde slavo-grec de ses décalques byzantins.

L'escalier conduisant aux étages supérieurs est assez bien conservé. Quatre élégantes colonnes en supportent les paliers et en forment la cage. Les révolutions des degrés sont douces et bien ménagées; dans la principale pièce figurait naguère, au-dessus de la cheminée, le portrait de la belle Marguerite de Ravalet, qu'on a enlevé depuis. Elle est représentée, dit la notice, debout, dans la cour du château de Tourlaville, et entourée d'Amours aux yeux bandés, qu'elle repousse pour sourire à un seul dont les yeux sont sans bandeau et les ailes tachetées de sang. De la bouche de Marguerite part cette légende : *Un me suffit*.

Ç'a été pour nous un vif regret de ne pas voir cette peinture singulière et mystérieuse aux emblèmes énigmatiques, où le seul amour accepté est l'Amour clairvoyant, l'Amour aux ailes sanglantes!

Les autres chambres sont assez délabrées; les boiseries se déjettent, les parquets bâillent, les peintures chancissent et l'abandon règne en maître dans ce logis, que peut-être, le soir, hantent les spectres de ces terribles Ravalet dont l'amour même était un crime.

Sur les vitres dépolies par l'âpre vent de la mer, la moisissure a plaqué ses lèpres jaunes. Contre ces carreaux étamés d'efflorescences, que de fois, regardant dans sa rêverie l'Océan lointain, la belle Marguerite appuya cette tête charmante qui devait tomber en grève sous la hache du bourreau !

Chaque pièce a son inscription amoureuse et lugubre que l'on déchiffre encore sous la fumée du temps. Ici : « Ce qui me donne la vie, me cause la mort. » Là : « Sa froideur me glace les veines et son ardeur brûle mon cœur. » Plus loin : « Même en fuyant, l'on est pris. » Autre part, la pensée se formule en vers enlacés à des arabesques d'or :

> Plusieurs sont atteints de ce feu,
> Mais ne s'en guérit que fort peu.

Devise digne des jarretières de Tembléque et des mirlitons de Saint-Cloud.

A quelques endroits, l'inscription explique et commente une allégorie au sujet bizarre, aux couleurs assombries. Au-dessus d'une peinture noirâtre, on lit : « Les deux n'en font qu'un ; » au-dessus d'une autre : « Ainsi puissé-je mourir ! »

Faut-il, dans ces devises, lieux communs de la galanterie du xvıᵉ siècle, concetti à la Pétrarque, fort de mode encore en province, voir des allusions à une passion coupable et contre nature? *Les Loyalles et Pudicques Amours* du sieur Scalion de Virbluneau sont illustrées à chaque page d'emblèmes et de légendes de ce genre : cœurs percés, pluies de sang, larmes de deuil, holocaustes, lacs d'amour, flammes renversées, complications de chaînes, poignards en croix, têtes de mort couronnées de roses, et autres sots rébus de l'hiéroglyphique amoureuse de l'époque. Malgré tous ces attributs sinistres, Scalion n'était pourtant qu'un fort honnête imbécile.

La chambre à coucher est décorée d'une façon originale; des imitations peintes de faïence bleue et blanche recouvrent les murailles et le plafond arrondi en dôme, qui continue la forme octogone de la salle. Sur la corniche se dressent des vases, des potiches, à dessins d'azur; les panneaux représentent des paysages en camaïeu. Dans un pan coupé se creuse l'alcôve. A cause de leur ton clair, les peintures se sont mieux conservées là que partout ailleurs, et il faudrait peu de chose pour rendre à cette élégante ornementation sa fraîcheur première. Mais voici bien longtemps que nous nous amusons à Tourlaville; des choses plus grandes nous attendent ou plutôt ne nous attendent pas à Cherbourg. Hâtons-nous donc d'y revenir.

Déjà toute la population étrangère et locale était en marche pour assister à l'immersion du nouveau bassin Napoléon, un travail d'une grandeur égyptienne, égalant, sinon surpassant le creusement du lac Mœris, accompli en cinq ans avec ces gigantesques moyens de l'industrie moderne auxquels aucun granit ne résiste. Jadis, il eût fallu des peuples entiers d'esclaves ou de captifs, piochant pendant des siècles sous le fouet du commandeur, pour arriver à un semblable résultat. L'homme n'est vraiment maître de sa planète que depuis le commencement de ce siècle : avec de l'or, du fer, de la vapeur et de la poudre, il la pétrit à son gré et lui donne la forme qu'il veut; il rase les collines, perce les montagnes, comble les vallées, coupe les isthmes, et, s'il a besoin d'un océan, il le creuse au milieu d'une ville. Et le flot marin, ancienne terreur, qui demandait pour être affronté une poitrine ceinte d'un airain triple, frappe respectueusement à la porte, demandant à l'ingénieur s'il est l'heure d'entrer et de remplir sa fonction.

L'aspect de ce bassin vide encore, que les cataractes de l'abîme allaient remplir en crevant les batardeaux au moment précis, était des plus saisissants; ses immenses lignes aux arêtes douces se développaient avec une grâce sévère et une pureté irréprochable. L'utile arrivait par la grandeur à la beauté ; pas un ornement, pas une moulure : rien que la ligne droite et l'angle droit; un seul ton, la couleur grise du granit, et c'était superbe.

Les cales de radoub et les formes de navires creusées au bord du quai et communiquant avec le bassin présentaient, au contraire, dans leurs lignes courbes, quelque chose de cette suavité de contours que possèdent les croupes évasées des sphinx égyptiens. Figurez-vous le moule en creux d'un vaisseau de cent canons imprimé dans une pâte qui serait devenue du granit.

Au bout du bassin avaient été dressées des tribunes, tendues en pavillons de navire, où l'on était en première loge pour voir l'arrivée du flot et le lancement de *la Ville-de-Nantes*, bouquet de cette grande fête navale.

L'Océan se précipitait à travers les ruines des batardeaux, poussant les terres, les poutres, les planches dans son impétueux tourbillon, et peu à peu ce fond de granit, qu'aucun œil humain ne reverra, disparaissait sous l'écume trouble et les remous furieux. Deux Niagaras vomissant la mer dans la colossale cuvette mirent deux ou trois heures à la remplir. Mais, au moment prévu, l'eau atteignait la hauteur marquée, et l'on donnait de la tribune impériale le signal de lancer *le Ville-de-Nantes*.

La gigantesque coupe où pourraient se désaltérer sans la tarir les habitants démesurés de Sirius, était pleine jusqu'aux bords du breuvage amer.

Les derniers étais arc-boutés contre la coque du navire tombés sous les coups de masse, on coupa le câble, et *la Ville-de-Nantes* se mit à glisser doucement dans sa rainure de bois suiffé. Peu à peu le mouvement s'accéléra, et le puissant vaisseau, comme enivré par le premier contact de l'eau marine, plongea de la proue dans l'impatience de s'emparer de son élément, soulevant un immense copeau d'écume à son avant, laissant à son arrière de longs nuages de fumée, car la rainure s'enflammait sur son passage.

Rien n'est plus beau, plus noble, plus majestueux, qu'un navire prenant possession de la mer !

A le voir filer ainsi, on craignait qu'il ne s'allât briser contre le quai opposé. Il s'arrêta juste à point avec une grâce incomparable, et cette évolution fut saluée par un formidable hourra de la foule, qui a toujours le sentiment du beau.

Le lendemain, on découvrait la statue équestre de Napoléon I⁰ʳ par M. Leveel; la flotte prenait le large, et nous revenions à Paris voir si le vaudeville et le drame s'étaient bien comportés en notre absence.

LE MONT SAINT-MICHEL

I

On sait à quel point ce que les savants appelaient « la grande marée du siècle » avait surexcité l'imagination des Parisiens. Nous aurions mauvaise grâce à railler, après coup, un mouvement bien naturel de curiosité. Ces magnifiques spectacles valent la peine qu'on se déplace. — Une représentation de l'Océan! Quel drame peut soutenir la comparaison avec cette solennité? Seulement, quoique nous ayons cédé à l'entraînement général, notre attente n'a pas été déçue, parce que nous n'avions pas compliqué le programme d'une tempête. Un certain nombre de traversées assez longues, des séjours dans des ports de mer, nous ont appris qu'une marée n'est pas un ouragan, mais bien un phénomène régulier s'accomplissant à l'heure prévue, avec une précision presque chronométrique, et nous pensions d'avance qu'un niveau plus élevé de quelques centimètres que celui de la veille ne pouvait pas produire de ces cataclysmes à la Martynn, qu'on semblait exiger. Sur divers points du littoral, peu s'en est fallu que l'Océan ne fût sifflé comme un acteur qui oublie son rôle, et que le public désillusionné ne redemandât son argent!

En cas que les *grandes eaux* ne jouassent pas correctement, nous avions choisi un site capable de nous dédommager par sa beauté intrinsèque. Dans l'espace d'une nuit, le chemin de fer nous jeta à Rennes, où une diligence nous reprit et nous transporta à Pontorson. Une carriole nous fit franchir le reste de la route, et nous pûmes apercevoir, au bout du Couesnon canalisé, que longeait notre voiture, la pittoresque silhouette du mont Saint-Michel.

La mer en ce moment était basse; à perte de vue s'étendaient les lises ou plages de sable d'un ton cendré, et il fallait prolonger le regard jusqu'au bord extrême de l'horizon, à la ligne de rencontre du ciel, pour découvrir une mince barre verdâtre témoignant de la présence de l'Océan. Une brume légère estompait les côtes lointaines de la baie, et le mont Saint-Michel s'élevait brusquement comme un énorme bloc erratique, débris de quelque commotion anté-diluvienne, au milieu de cette immensité plate uniformément teintée de gris. Rien n'est plus surprenant que l'aspect de cette roche soudaine qui ne se rattache à aucune chaîne de montagnes et perce comme une pointe d'ossement l'épiderme de la planète. Elle a, dit-on, cinquante mètres de haut, sans compter ce qu'y ajoutent les édifices auxquels elle sert de substruction, et dont à cette distance on la distingue à peine.

Toute la journée, le temps s'était montré assez maussade; un vent froid avait glacé la pluie en l'air, et il tombait par rafales un grésil mêlé de neige qui suffisait pour rehausser de blanc toutes les anfractuosités et saillies du mont Saint-Michel, lavé de ces teintes neutres d'un gris violâtre dont se servent les peintres pour préparer leurs aquarelles. La crête des remparts, les toits des maisons, les aiguilles et les contre-forts de l'abbaye se détachaient par touches vives de ce fond vaporeux, et accusaient la présence de détails qu'on n'eût pas discernés du point où nous étions sans cet artifice de la nature.

L'isolement de cette masse préoccupe l'œil, qui du rivage s'y reporte toujours comme malgré lui. Un peu plus loin, et de cette place cachée à demi par la découpure colossale du mont, s'ébauche Tombelaine, une roche rase et formant îlot, d'où les habitations ont depuis longtemps disparu. Tombelaine à côté du mont Saint Michel, c'est le nain près du géant, la borne près de la pyramide.

Des berges de pierres sèches dirigent le cours jusqu'ici incertain du Couesnon et lui tracent un chenal par où les eaux s'écoulent vers la pleine mer, en rasant la pointe ouest du mont Saint-Michel. Cette digue, submersible à marée haute, devient à marée basse une espèce de chaussée rejoignant le mont à la terre ferme et servant de chemin à ceux qui craignent de se mouiller les pieds aux flaques d'eau dont, çà et là, les lises sont couvertes après le retrait de l'Océan ; inconvénient auquel ne s'arrêtent pas les pêcheurs de coques, qui courent pieds nus sur les sables, sans avoir la moindre crainte de s'y enfoncer ; car ce sol déliquescent, réputé si perfide, supporte très-bien les chevaux et les voitures. Un peu de connaissance des lieux et l'observation des heures de la marée rendent les accidents, jadis si nombreux, de plus en plus rares. Les soldats de Harold passeraient aujourd'hui sur les grèves du mont Saint-Michel sans que le héros, les empoignant par la nuque, fût obligé de les retirer des lises, ainsi que le représente le long canevas brodé, connu sous le nom de tapisserie de Bayeux.

Les pêcheurs, sur ce fond de vases grisâtres, faisaient selon le plan, l'effet de virgules noires ou de ces oiseaux de mer dont l'attitude imite la forme humaine. Le capuchon engonçant les épaules simulait la masse de plumes rengorgées, et les jambes nues la gracilité des pattes, du moins à distance, car le rapprochement dissipait cette ressemblance fantasque et cependant réelle, oiseaux et pêcheurs faisant le même métier.

Comme l'heure de la marée approchait, tous ceux qui voulaient passer la nuit en terre ferme se repliaient vers la rive, et la digue du Couesnon se couvrait d'une file de figures sautillant sur les pierres plates et regagnant le musoir.

Quelques curieux étaient venus de l'intérieur des terres pour assister au spectacle promis, et restaient sur la berge malgré l'âpreté d'un vent glacial venant du large, sauf à chercher de temps en temps un abri dans les huttes de torchis et de chaume, guérites des douaniers. Des escouades de détenus, sous la surveillance de leurs gardiens, renforçaient avec des bottes de paille et des pierres la digue d'un terrain récemment conquis sur la mer.

En attendant la représentation de l'Océan, le ciel donnait la sienne, et il faut lui rendre cette justice qu'il la donna complète : toutes les variétés possibles de mauvais temps se succédèrent dans l'espace d'une heure avec des effets inattendus, plus pittoresques les uns que les autres; il n'y manqua rien, pas même un rayon de soleil. Par les déchirures d'un amas de nuées, une zone lumineuse tomba sur le mont Saint-Michel, comme la projection d'un réflecteur, en illumina tous les reliefs, s'aiguisant avec les clochetons, profilant les contreforts, dessinant les arcatures, accusant les mâchicoulis, et faisant voir sur l'étroite plage qui précède la porte où aboutit l'unique rue de la ville, les habitants du mont attendant l'apparition de la fameuse marée.

Grâce à ce coup de lumière, une ou deux voiles inaperçues dans les profondeurs brumeuses du large accrochèrent une paillette de soleil et brillèrent un instant, et la côte de la baie, avec ses escarpements lamés de paillon d'argent par la neige de la matinée, étincela pour s'éteindre aussitôt. Les nuages avaient masqué de nouveau le soleil et superposé leurs gazes noires sur les deux ou trois places bleues que l'orage laissait dans le ciel.

Le mont Saint-Michel perdit la couleur de vieux

vermeil qui faisait ressembler la manse abbatiale à une châsse d'orfévrerie, et se changea en un monstrueux tumulus de basalte noir. Les nuages crevèrent, et, sous l'impulsion d'un vent furieux, une neige presque horizontale, aux grains aigus comme des aiguilles et durs comme des grelons, vint nous fouetter le visage et nous aveugler. Le toit de chaume sous lequel nous nous étions réfugié se hérissait à la rafale comme le poil d'une bête qu'on frotte à rebours, et l'étendue indiscernable disparaissait derrière un rideau de hachures diagonales pareilles à ces traits que la main fiévreuse de l'artiste accumule sur la partie de son dessin qu'il veut sacrifier et repousser dans l'ombre.

Après ce paroxysme de fureur, la tourmente s'apaisa un peu, et nous reprîmes notre place sur la pointe du musoir pour ne pas manquer l'arrivée du mascaret dans le canal du Couesnon. Il était un peu plus de cinq heures, et l'Océan ne paraissait pas s'émouvoir encore; nous avions beau fixer à l'horizon nos yeux chaussés d'excellentes jumelles, pas la moindre barre, pas le plus léger flocon d'écume; rien que les lises miroitées de flaques et le clapotis d'une bande de courlieus tout égayés du mauvais temps. Cependant la marée était dans son droit en ne se montrant pas encore, elle ne pouvait être responsable de ce que nous avions devancé l'heure du rendez-vous.

Un quart d'heure s'écoula : une rumeur sourde et profonde, qui formait une admirable basse aux aigres sifflements de la brise, nous arrivait du large, et bientôt une frange d'écume déroula son feston à l'angle ouest du mont Saint-Michel : c'était la barre; elle s'engagea dans le chenal : la représentation commençait.

Au bout de quelques minutes, tant la marche du flot est rapide, nous pûmes contempler dans ses détails ce phénomène singulier. Resserré entre les deux berges, le flot ascendant s'avance sur le flot descendant avec la forme d'un rouleau saillant ou d'une cascade dont le tailloir serait poussé par une force uniformément rapide. Derrière la bordure d'écume, le niveau de l'eau marine est plus haut de 1 mètre à 1^{m}30 que celui de l'eau fluviale, et le flot sur toute la ligne tombe comme du bord d'une bonde invisible.

Quand le flot fut plus près de nous, il prit l'apparence d'un front de cavalerie composé de chevaux blancs et chargeant au galop. Les lanières d'écume imitaient le fourmillement confus des jambes, et le clapotis des vagues le piétinement des sabots. — Par un de ces sauts de pensée qui étonnent lorsqu'on en cache les intermédiaires, mais dont on retrouve la filiation, en regardant le mascaret du Couesnon, nous songions à cette médaille d'Aspasius qu'on prétend être une copie de la Minerve de Phidias et où huit chevaux rangés de front galopent sur la visière du casque dont est coiffée la déesse. — Le mot *white horses* (les chevaux blancs) nous avait conduit à l'idée d'un escadron, et, de là aux chevaux d'Aspasius, il n'y avait qu'un pas. — Un besoin d'exactitude plus rigoureuse dans la comparaison nous avait fait chercher au fond d'un arrière-tiroir de notre cervelle ces coursiers grecs soudés à la visière de Pallas-Athéné, et qui, en effet, n'ont que la tête, le poitrail et les jambes de devant, comme les chevaux de la mer plongeant leur croupe dans l'abîme.

Le mascaret eut bien vite dépassé le musoir, laissant derrière lui, le long des berges, des remous tumultueux. Pendant qu'il continuait sa course en remontant vers l'intérieur des terres dans le canal ouvert à son impétuosité, la marée, de l'autre côté du mont, envahissait les lises avec cette rapidité irrésistiblement tranquille, plus effrayante peut-être que le désordre d'une tempête. L'eau, soulevée par l'attraction mystérieuse de la lune, crevait et se répandait en nappes immenses sur le sable fin des atterrissements, limoneuse, chargée de tangue, ayant la couleur d'une fange liquide.

Dans ce moment, le ciel grisâtre se barbouilla d'encre et devint d'un noir si foncé, que, si on reproduisait un pareil effet en peinture, il serait accusé d'exagération. Sur ce rideau sombre, le mont Saint-Michel prenait des teintes livides et blafardes et se détachait en clair comme un gigantesque madrépore surgissant du fond de l'Océan. La mer paraissait toute blanche, et ce contraste si brusque, si tranché, produisait un tableau de l'aspect le plus étrange, le plus sinistre et le plus formidable. Ce ciel absolument noir semblait gros de déluge, et l'on eût dit que cette mer laiteuse charriait de la pâte cosmique prise à quelque continent en dissolution; un crépuscule polaire ajoutait par son demi-jour triste au caractère lugubre de la scène.

L'élévation progressive des eaux atteignant la crête de la digue submersible du Couesnon, une longue cascade de déversement s'établit, et les vagues se précipitèrent avec un grondement sourd dans le lit plus bas de la rivière. Bientôt elles mouillèrent de leur écume le terre-plein de la cabane où nous nous étions réfugié, chassé du musoir par un tourbillon de neige d'une violence extraordinaire.

Un peu réchauffé, nous reprimes notre poste d'observation et nous assistâmes à un spectacle des plus singuliers, à l'occultation subite et complète du mont Saint-Michel, qui était pourtant bien là devant nous, à quinze cents mètres environ, et qui disparut comme si le géant Micromégas l'avait pris sous son bras et emporté dans Sirius. — Plus de montagne, plus de forteresse, plus d'abbaye, rien! Jamais changement à vue dans un opéra n'eut lieu avec une prestesse plus magique. Au coup de sifflet du vent, les machinistes de la tempête avaient fait monter du sein des eaux un brouillard et descendre du ciel un nuage qui masquaient le rocher de la base au sommet. L'éclipse dura quelques minutes, et le mont Saint-Michel *in periculo maris* reparut majestueusement et comme habitué à ces colossales facéties de la nature : montagne tout à l'heure, il était île maintenant.

La nuit s'approchait et le froid devenait de plus en plus pénétrant; la marée avait atteint à peu près son niveau, et nous revînmes à Pontorson, où notre dîner nous attendait, songeant aux admirables spectacles qui s'étaient déroulés devant nous, et murmurant comme un refrain obsesseur et monotone l'ancienne devise des chevaliers de l'ordre de Saint-Michel : *Immensi tremor Oceani!*

II

Le matin, nous étions sur la plage. La marée se retirait, laissant à découvert les lises, mais pas assez vite au gré de notre désir. Nous voulions visiter ce mont Saint-Michel qui, la veille, nous était apparu de la rive sous des aspects si fantastiques. Nous aurions pu gagner la roche en sautillant sur la crête de la digue; mais la fangue déposée par le flot l'avait rendue glissante. Nous préférâmes aller en canot par le chenal du Couesnon. A notre grande surprise, pas une de ces pierres, posées sans ciment les unes sur les autres, n'avait bougé, et l'Océan, qui déracine des blocs de granit, s'était brisé contre des cailloux.

En approchant, chaque détail de cette bizarre pyramide faite de rochers et de constructions se dessinait plus nettement et prenait un caractère prodigieux et formidable. De la ceinture de remparts et de tours qui cercle la base du mont s'élèvent de hautes murailles, le pied engagé dans le roc vif, qu'elles semblent continuer. Ces murailles dominent les toits des habitations resserrées entre les fortifications et l'abbaye proprement dite, dont les fondements sont au niveau des cheminées. Il fallait le génie singulier du moyen âge et le besoin de se défendre contre les invasions pour s'aviser de couvrir de bâtisses un pain de sucre presque inaccessible; mais cette plantation abrupte, si elle n'est pas commode pour la vie ordinaire, multiplie les effets pittoresques par les brusques changements de niveau, et, en étageant les édifices les uns au-dessus des autres, vous les fait saisir d'un coup d'œil, comme s'ils étaient peints sur une toile dressée. Les silhouettes se découpent avec toute sorte d'échancrures inattendues et une variété d'angles que ne sauraient donner des monuments d'un assiette unie. — Au-dessus des bâtiments de l'abbaye devenue prison, et composés d'un assemblage de murs, de tourelles, de contre-forts, d'arcatures, de pincettes, de toits en poivrière remontant à diverses époques, jaillit l'église étroite et haute avec ses aiguilles, ses arcs-boutants, ses pinacles, ses longues fenêtres en ogives et son clocher écimé où se démanche aujourd'hui un télégraphe, et où jadis rayonnait, comme si elle venait de descendre du ciel pour se poser sur ce sommet, la statue dorée de l'archange saint Michel, le glaive flamboyant en main.

Toute cette architecture s'élance avec une ardeur d'escalade que les siècles n'ont pas refroidie et semble vouloir prendre d'assaut la montagne qu'elle couvre. Le génie grec cherchait la ligne horizontale, et le génie gothique la ligne perpendiculaire, comme s'il eût essayé d'atteindre et de percer le ciel. L'un exprimait le calme, l'autre l'inquiétude. La vue du mascaret s'avançant dans le Couesnon nous avait fait penser aux chevaux galopant sur la visière du casque de Pallas; le mont Saint-Michel nous fit voler en idée à l'Acropole d'Athènes, ce rocher soudain se dressant au milieu d'une plaine, fortifié comme celui-ci et renfermant aussi un temple. Mais quelle différence dans l'effet produit! toute la différence du polythéisme au christianisme, de l'azur à la brume, de la Méditerranée à l'Océan!

Le canot nous déposa au bout de la jetée sur une bande de tangue, parmi d'énormes pierres roulées du haut du mont et confusément entassées. Ces roches baignées deux fois chaque jour par l'eau marine étaient plaquées de mousses vertes ou violâtres et auraient fourni de bons premiers plans à des peintres d'aquarelle. Sur l'une d'elles, où l'on arrive en s'aidant des mains et des genoux, se creuse une empreinte en forme de pied que la légende dit avoir été laissée par le brodequin de l'archange guerrier lorsqu'il combattit le démon. Est-ce vraiment là qu'eut lieu cette lutte allégorique du bon principe contre le mauvais, qui a inspiré un si noble chef-d'œuvre à Raphaël? C'est un point que nous ne discuterons pas, disposé que nous sommes à croire la tradition populaire, aussi vraie après tout que l'histoire prétendue sérieuse.

De cette mince rive, les rochers et les édifices, vus en raccourci, se présentent sous les angles les plus désordonnés et les plus pittoresques. Nous la suivîmes jusqu'à une tour dont le pied plongeait encore dans l'eau, et que nous contournâmes, au risque de mouiller nos chaussettes, en nous aidant de quelques pierres des fondations, et bientôt la porte de la ville — car il y a une ville au mont Saint-Michel — nous admit sans aucune des formalités exigées autrefois : nul farouche soudard, le pot en tête et le plastron sur l'estomac, ne nous fouilla d'un air rogue pour nous ôter nos armes. Nous nous trouvâmes dans une petite place irrégulière formant une sorte de trapèze, entourée de murailles crénelées demantelées à demi, où s'encastre un lion rampant posant son ongle sur l'écu abbatial; en face s'ouvre entre deux tours la seconde entrée, dont l'arcade a pour claveau un écusson de granit rendu fruste par le temps et l'air salin, où pourtant l'on distingue encore les armoiries de la ville, « trois saumons sur champ ondé, » blason tout à fait convenable pour ce nid de pêcheurs. Un pont-levis disparu et une herse de fer dont on voit encore quelques dents la défendaient jadis. Cette première place est encombrée de filets et de barques de sauvetage qu'on retire là quand la mer est trop basse ou trop grosse; mais, comme pour rappeler la destination guerrière du lieu, de chaque côté de la deuxième porte deux énormes pièces de canon en fer, effritées et rongées de rouille, ayant encore leur boulet de pierre au ventre, semblent vous menacer de leur gueule impuissante. Ces pièces, dites *les Michelettes*, ont été enlevées aux Anglais en 1427, quand ils levèrent le siége du mont Saint-Michel, lassés par une résistance héroïque.

L'une de ces places s'appelle *cour du Lion*, et l'autre *cour de la Herse*; les détails que nous venons de donner disent pourquoi. Au delà commence à grimper entre deux rangs de vieilles maisons qui se touchent par le pignon, s'épaulent les unes contre les autres, se montent sur la tête, la belle rue, la rue principale, unique du mont, une rue à ravir d'aise les artistes, à désespérer les philistins; quelques stupides replâtrages modernes n'ont pu en altérer l'antique physionomie. Au temps où le mont Saint-Michel était un grand but de pèlerinage comme Saint-Jacques de Compostelle, comme Notre-Dame de Lorette, qui voyait accourir de tous les pays de la chrétienté, bourdon en main, coquilles au dos, les dévots pleins de ferveur, ces logis étaient des hôtelleries dont les noms sont conservés dans l'ancien terrier de l'abbaye. Il y avait *le Soleil royal, les Trois Rois, l'Image saint Michel, la Maison du Goblin, la Syrène, l'Hôtel Saint-Pierre, la Truie qui file, les Quatre Fils Esmond* — sans doute *les Quatre Fils Aymon* — *la Coquille, la Licorne, la Tête d'or*, ainsi que nous l'apprend M. Édouard Le Hericher, dans sa curieuse et instructive notice sur le mont Saint-Michel. Ce grand nombre d'auberges montre quelle était l'affluence des pèlerins; en raison de ce concours, il se faisait au mont un commerce assez lucratif d'images, de médailles, de chapelets et autres menus objets bénits que remplacent maintenant les petits travaux en coquillages et en bois sculpté des détenus.

Comme il fallait amasser des forces pour l'ascension

de la montagne, nous fîmes un copieux déjeuner dans un cabaret établi à la même place qu'une des anciennes hôtelleries dont nous venons de citer les enseignes, mais ayant perdu, pour se mettre au niveau du progrès, toute physionomie moyen âge, défaut qu'il rachète par la bonté de sa cuisine.

L'usage est de commencer la visite du mont Saint-Michel par une promenade sur les remparts, magnifique échantillon de l'art militaire au temps de la féodalité. Ces travaux de défense consistent en une épaisse muraille bordée de mâchicoulis, et relevée de distance en distance par des tours rondes. Le rempart et les tours plongent dans la mer ou portent sur la grève selon l'heure; puis, quand ils rencontrent la roche, ils s'élèvent avec elle en suivant les anfractuosités du terrain et se rattachent à cette immense muraille haute de cent pieds, longue de deux cent trente, qu'on nomme *la Merveille*, qui abrite trois zones d'édifices superposés et fait de l'abbaye un monument sans rival. Les tours ont chacune leur dénomination. Ce sont, en allant du sud au nord : la tour du Roi, avec son élégante échauguette; l'Escadre, coiffée d'un toit en éteignoir; la tour de la Liberté; la tour Basse; la tour Boucle, où s'accrochent des anneaux de fer pour amarrer les navires;

la tour Marilland, dont le pied s'engage dans la roche, et la tour Claudine, qui se suspend au plateau sur lequel s'élève l'abbaye.

On suit le terre-plein de ces épaisses murailles d'où ruisselaient jadis sur les assaillants le plomb fondu, l'huile et la poix bouillantes, et qui n'ont plus l'air de se souvenir de leur passé héroïque. Elles ne servent plus qu'à préserver du froid les jardinets des maisons dans lesquels le regard plonge comme sur une vue cavalière, et à décorer pittoresquement le flanc de la montagne, justification d'existence bien suffisante.

C'est un spectacle amusant que ce tumulte de bâtisses cherchant leur assiette sur un sol inégal, que ces pans de murs entremêlés de roches, que ces toits dont les cheminées fument sous vos pieds et ces courtils semblables à des puits. Ces petits jardins abrités du vent, chauffés à la réverbération solaire de la roche engraissés par la tangue, qu'ils n'ont qu'à se baisser pour prendre, contiennent des plantes et des arbres qu'on croirait ne pouvoir pousser que dans un climat plus chaud et sous un ciel plus clément. L'amandier s'y couvre prématurément de sa neige odorante, le figuier y vient à bien, et nous y pûmes cueillir une branche de laurier-rose qui affleurait le rempart et semblait solliciter la main. Malgré la rigueur d'un long hiver et le givre de la veille persistant à l'ombre, elle était parfaitement verte.

Des escaliers ménagés dans l'épaisseur du rempart, quand il change de niveau, vous font escalader sans fatigue la roche abrupte jusqu'à l'entrée de l'abbaye.

Les anciens moines ne se fiaient ni à la situation presque inaccessible de leur rocher, ni à la ceinture bien bouclée de remparts qui en serrait les flancs; — la forteresse emportée, il eût fallu encore un siège pour pénétrer dans leur pieuse retraite. Une porte à cintre surbaissé munie d'une herse présentait un premier obstacle ; cette défense franchie, on arrivait, en longeant un haut mur, devant une autre porte flanquée de deux tourelles crénelées et fermée par des vantaux bardés de fer qui eussent demandé du canon pour être enfoncés.

— Toute cette disposition subsiste encore aujourd'hui, architecturalement du moins; entre les deux tours bâille toujours la voûte noire comme une de ces gueules monstrueuses que le moyen âge, dans ses diableries, figurait comme l'entrée de l'enfer. Un escalier aux degrés rapides s'y engouffre à travers l'ombre et vous conduit à une salle irrégulière à la voûte sillonnée de nervures, qui était la salle des gardes. — En face de soi, en débouchant de l'escalier, on voit le chambranle et le manteau de la gigantesque cheminée où se chauffaient jadis les soldats, dont les pertuisanes atteintes d'un reflet de flamme brillaient au râtelier. Au fond même de la cheminée, on a modernement pratiqué une porte qui conduit au logis du geôlier; quelques surveillants vont et viennent à travers cette antique salle des gardes. Une partie des précautions qu'on employait autrefois pour empêcher d'entrer dans l'abbaye, on les emploie aujourd'hui pour empêcher d'en sortir.

Il faudrait une monographie tout entière, illustrée d'une centaine de gravures sur bois, pour décrire dans tous ses détails le mont Saint-Michel. Nous n'avons pas la prétention de la faire en quelques pages et après une seule visite de deux ou trois heures; il nous suffira de noter ce qui nous a le plus frappé et de rendre notre impression générale.

Une visite au mont Saint-Michel est un plaisir du même genre que celui qu'on prend à lire un roman d'Anne Radcliffe ou à feuilleter ces étranges eaux-fortes dans lesquelles Piranèse égratignait sur le vernis noir ses cauchemars d'architecture. Vous montez, vous descendez, vous changez à chaque instant de niveau, vous suivez des couloirs obscurs, tantôt dans la montagne, tantôt dans les airs; vous arrivez à des cœcums, à des portes murées, derrière lesquelles s'accroupissent les vagues terreurs. Le plancher sonne creux sous vos pieds; vous êtes au-dessus du puits des oubliettes ou plutôt du charnier où se déversait le trop-plein de l'étroit cimetière. Une immense roue, semblable au tread-mill des pénitenciers anglais, se meut vaguement à travers l'ombre, enroulant un câble devant une porte ouverte sur l'abîme et par où l'on ne saurait regarder sans vertige; c'est le treuil qui sert à hisser les provisions le long d'une gigantesque glissoire que, de terre, on prendrait pour un contre-fort cyclopéen de la montagne. — Tout à l'heure on vous a fait voir sous une voûte sombre la place qu'occupait la fameuse cage de fer qui, soit dit en passant, était une cage de bois où le gazetier Dubourg fut mangé par les rats. Maintenant, on vous montre l'entrée des anciens cachots, aussi noirs, aussi lugubres que les puits de Venise. Plus loin, c'est un escalier mystérieux, éclairé d'un jour crépusculaire et fantastique, qui a servi de thème à un décor de *Robert le Diable*; ici, un effet digne de Rembrandt ou de Granet; là, un précieux détail d'architecture à exercer la sagacité d'un Viollet-Leduc. — L'imagination se figure le moine de Lewis errant, sa lampe en main, sous ces ogives où semblent s'accrocher de leurs ongles les chauves-souris de Goya. Cette salle à voûte surbaissée serait un excellent fonds pour une de ces fantastiques scènes d'inquisition que le Gréco, dans sa folie, ébauchait d'une main fiévreuse; le terrible pendule d'Edgar Poe ne descendrait-il pas bien de cette clef de voûte sur la poitrine d'un condamné?

Telles étaient nos idées ou plutôt nos rêveries en suivant le directeur du mont Saint-Michel, qui avait la complaisance de nous guider lui-même à travers l'édifice, dont il n'ignore aucun secret. — Pardon si nous insistons sur tous ces recoins perdus qui semblent échapper à la description. *La Merveille*, cette superposition prodigieuse de tous les genres d'architecture qu'employa le moyen âge, sauf le gothique flamboyant, a été racontée bien des fois par des plumes plus capables que la nôtre. La zone inférieure de *la Merveille* est une vaste crypte dont les piliers trapus, ronds ou carrés, supportent des ogives à pointe émoussée d'une force de résistance que ni les siècles, ni les assauts, ni les écroulements n'ont pu ébranler depuis l'an 1117, date de leur construction, due à l'abbé Roger II. L'arrangement des piliers au nombre d'une vingtaine, y forme trois nefs, et rien n'est plus majestueusement sévère dans sa pénombre mystérieuse que cette salle qui servait d'écurie aux montures des chevaliers, et dont on fait le dortoir des détenus.

Sur une partie de cette salle s'élève le réfectoire des moines, œuvre du commencement du xii° siècle, avec ses deux nefs formées par huit piliers ronds à base octogone, à chapiteaux trifoliés, de chacun desquels s'élance un faisceau de huit nervures arrondies qui se croisent avec des rosettes de feuillage et retombent par trois sur les murs ou sur de triples colonnettes. Les luisantes tables de chêne où mangeaient les bons pères sont remplacées par les métiers bourdonnants des prisonniers.

Au-dessus du réfectoire s'étend le dortoir, ajouré de fenêtres d'un caractère original presque moresque; mais, quelque belles que soient ces deux salles, elles le cèdent à la salle dite *des Chevaliers*, où se tenaient les chapitres de l'ordre de Saint-Michel-Ange. C'est le plus superbe vaisseau gothique qui existe au monde. Deux gigantesques cheminées, grandes comme des maisons modernes, suffisaient à peine à l'échauffer avec des arbres entiers pour bûches. On ne saurait imaginer la noblesse robuste et l'élégance fière des colonnes supportant ces voûtes ogivales. Que cette salle devait être admirable lorsqu'elle était décorée des bannières et des armes des chevaliers, avec le luxe héraldique qui allait si bien à la France féodale!

Le cloître, avec ses deux rangs de colonnettes en granitelle, est un bijou d'architecture gothique; il subsiste en son entier, ce qui a de quoi surprendre quand on songe combien est frêle et délicate cette double colonnade tout à jour et toute fleurie d'ornements.

L'église en elle-même, quoique charmante, n'a rien qui puisse étonner après les prodiges des cathédrales; mais, par sa situation au sommet d'une pyramide, dans un bouquet d'édifices d'où elle s'élance comme le pistil d'une fleur centrale, elle produit un effet prestigieux. Par malheur, elle est découronnée de sa flèche étincelante qu'un clocher écimé remplace fort mal. Elle manque aussi de portail, car on ne peut appeler de ce nom la devanture qui bouche ses nefs et qui fut maçonnée sous la première république. Le style de la nef, réduite par le dernier incendie de dix travées à quatre, est roman et remonte à l'an 1020.

Il nous fallut faire l'ascension du clocher, d'où l'on découvre une vue immense et d'une beauté incomparable, et le gardien n'eut pas besoin de nous défendre de nous hasarder sur l'étroite corniche qui le pourtourne : quelques fous risquaient autrefois cette périlleuse promenade, bonne pour des couvreurs de profession.

Monté sur le faîte, nous n'aspirions plus qu'à descendre, comme dit le vers de Corneille, et, traversant les lises, moitié à sec, moitié dans l'eau jusqu'à la cheville, tantôt porté à dos d'homme, quand l'eau devenait trop profonde, tantôt en cabriolet, nous arrivâmes à la pointe de Roche-Torin, où nous attendait notre voiture, un peu las, mais très-content de notre journée.

COURSE DE TAUREAUX

A SAINT-ESPRIT

I

Ceux qui nous font l'honneur d'une visite auront sans doute remarqué au mur de l'antichambre de notre humble logis un bucrâne aux immenses cornes colorées d'une teinte rougeâtre et placé au-dessous d'une lithographie enluminée représentant le cirque de Madrid. Une cocarde de satin, présent de Cucharès, enjolivée de roses et de paillon d'argent, d'où pendent de longs rubans verts, une divisa violette arrachée en notre honneur par Cayetano Sanz aux courses de Bilbao, un éventail rapporté de Malaga et orné du portrait de Montès, complètent cette espèce de trophée tauromachique, auquel vient de s'ajouter récemment une photographie de torero saluant d'une main avec sa montera, et tenant de l'autre la muleta et l'épée.

Les cornes nous ont été envoyées de Séville : ce sont celles d'un taureau nommé Gaudul, tué le 17 mai de cette année par Manoel Dominguez, une épée dont la réputation commence à se répandre en Espagne, et qui sera bientôt aussi célèbre dans l'ancien monde que dans le nouveau, d'où il arrive. La photographie est son portrait.

Nous avons connu toutes les célébrités du cirque espagnol depuis 1840, le grand Montès, Paquiro, comme l'appellent familièrement les Andalous, les Chiclanero, Cucharès, el Salamanquino, Labi, el Barbero, Cayetano Sanz, el Tato; mais nous n'avions jamais vu Dominguez, et, en apprenant qu'il allait figurer aux courses de taureaux de Saint-Esprit, il nous a été impossible de résister à la tentation de prendre la route de Bayonne.

Le temps ni l'espace n'existent plus aujourd'hui, grâce aux chemins de fer; aussi, deux jours après, étions-nous installé sur le toril même, dans le cirque de bois élevé à Saint-Esprit, de l'autre côté de l'Adour, en face de Bayonne.

Une course de taureaux est une solennité qui met en rumeur une ville méridionale. Tout, ce jour-là, a un air de fête; une animation insolite agite les rues, ordinairement si paisibles. Les voitures de toute forme sont mises en réquisition : des calèches centenaires, des berlingots antédiluviens oubliés sous leurs remises poudreuses, voient le jour étonné, pour cette fois seulement ; les omnibus, chargés de monde, courent au galop et multiplient leurs voyages. Dès midi, quoique la course ne commence qu'à trois heures, la haie des curieux est formée.

Ceux qui n'ont pu trouver place regardent passer les privilégiés ; c'est déjà un spectacle. Quelques Espagnoles d'une beauté étrange et splendide, drapées de la mantille nationale, manégeant l'éventail, lançant sur la foule les rapides éclairs de leurs yeux noirs, s'étalent en calèche découverte et soutiennent avantageusement la lutte contre les élégantes Françaises qu'emportent les coupés et les landaus : sur les bords de la chaussée il y a aussi de jolies Basquaises coiffées d'un mouchoir roulé en forme de taktikos et que le crayon de l'artiste ne dédaignerait pas.

Un mouvement d'ondulation se produit dans la cohue ; des pieds de chevaux résonnent sur le pavé, des paillettes scintillent dans un rayon : ce sont les picadores qui se rendent à la place armés déjà de leur longue lance ; puis arrive grand train une voiture chargée de la cuadrilla, dont les riches costumes reluisent comme des ventres de poisson au soleil. C'est un fourmillement indistinct d'argent et d'or au milieu duquel l'œil ébloui démêle vaguement des visages mâles et basanés. Ces acteurs ne mettent pour fard que du sang. Le cortége est fermé par trois vigoureuses mules noires dont la tête disparaît sous des multitudes de houppes versicolores et qui secouent des grappes de grelots; trois ou quatre muchachos pendus aux mors peuvent à peine les contenir : c'est l'attelage destiné à enlever de la place les taureaux et les chevaux tués.

Hâtons le pas, pour avoir le temps de vous décrire le cirque avant que la course commence.

La *plaza de toros* de Saint-Esprit n'a rien de monumental : c'est une construction en poutres et en planches qu'on a revêtue d'étoffes pour en dissimuler la nudité. Tels sont les cirques des petites villes d'Espagne.

L'arène proprement dite est circulaire; une barrière en planches, haute de cinq pieds environ, l'entoure. Cette barrière s'appelle en espagnol *las tablas* ou *el Vivo*. Un rebord saillant en charpente, à deux pieds et demi de terre, que sa couleur blanche fait distinguer aisément du fond rouge des planches, règne intérieurement tout à l'entour: c'est l'étrier (*el estribo*); les toreros poursuivis trop vivement par la bête posent le pied sur ce rebord pour franchir la barrière et sauter dans le couloir qui sépare du public le terrain des courses; — l'autre paroi du couloir est formée par une forte cloison haute de huit pieds, garnie de barres de fer scellées de distance en distance, et soutenant une corde transversale où s'appuient les spectateurs du premier rang. A partir de là, les gradins s'élèvent circulairement sur une pente assez inclinée pour permettre de voir l'arène de toutes les places; les loges, dessinées par les poteaux soutenant le toit des places couvertes, sont pratiquées derrière ces gradins qu'elles dominent.

Quatre portes s'ouvrent dans la circonférence de la place; par l'une, s'élancent les taureaux; par l'autre, débouche la cuadrilla: par la troisième, sortent les chevaux de remonte; par la quatrième, on entraîne les victimes.

Nous demandons pardon à nos lecteurs de ces détails; on a tant de fois raconté les courses de taureaux, que c'est presque aujourd'hui tomber dans le lieu commun que d'en parler; mais peut-être cette courte description ne sera-t-elle pas inutile; elle ravivera les souvenirs de ceux qui ont assisté à des courses, et fera plus aisément comprendre le récit des divers incidents du combat à ceux qui n'en ont point vu.

La place regorge de monde. Les aficionados (amateurs) font un joyeux vacarme au moyen de trompes, de cornets, de sifflets, de crécelles ; un ouragan de bruit plane au-dessus de l'arène, que dore un rayon de soleil inespéré, car il avait plu la veille, et le ciel est du bleu le plus pur. En attendant l'ouverture de la course, placé comme nous l'avons dit plus haut, sur le toril, nous regardons, dans la cour palissadée qui les renferme, les acteurs à cornes de la représentation. Ils ont assez bonne mine. Deux ou trois poutres, formant pont au-dessus d'eux, permettent aux vaqueros de les surveiller et de les pousser vers les loges du toril. Dans la plate-forme que nous occupons, et dont le bord est garni de fauteuils, sont coupées trois trappes qu'on lève pour irriter le taureau, lui planter sur le garrot la devise de sa ganaderia, et le déterminer à s'élancer vers la place. On nous recommande de ne pas reculer trop notre siége, sous peine de tomber sur les cornes de la bête dans sa logette obscure : recommandation inutile, assurément, car les coups furieux qu'elle donnait contre les cloisons et qui ébranlaient la charpente nous ôtaient toute envie de nous trouver en tête-à-tête avec elle. Nous examinons aussi les physionomies farouches des vaqueros, presque aussi sauvages que les dangereux troupeaux qu'ils conduisent.

Ces hommes ont la tête serrée par un mouchoir roulé en corde; un gilet de drap bleu, des culottes de velours verdâtre écrasé et miroité à tous les plis, une large ceinture rouge enveloppant les hanches, des bas de laine coupés à la cheville et des alpargatas composent leur costume. Les traits de leur figure, brunie par cent couches de hâle, semblent sculptés dans l'acajou. Les soleils de l'Amérique ne doivent pas brûler davantages les chasseurs des pampas.

La musique sonne une marche : tous les regards se ... ent sur l'arène ; l'alguacil, tout de noir vêtu, va demander la permission de présenter la quadrille qui défile sur la place, et salue la loge impériale en fléchissant le genou. Picadores, chulos, banderilleros, espadas, se dispersent et vont chacun à son poste; les trois picadores s'espacent à la gauche du toril, s'affermissent sur leurs arçons, et mettent leur lance en arrêt; les chulos et les banderilleros papillonnent, faisant briller leurs capes roses, vertes ou bleues ; l'épée se tient à quelque distance de la barrière pour diriger la lutte, qu'il doit seul terminer.

Nous saisissons cet instant d'inaction pour regarder tout à notre aise Dominguez, avec les traits duquel nous étions déjà familiarisé par sa photographie : c'est un homme de trente-cinq ans environ, de haute stature, d'apparence vigoureuse; d'épais favoris noirs, partant des coins de la bouche, encadrent sa figure empreinte d'une expression de courage inébranlable. Il porte un superbe costume bleu, si chargé de broderies d'or, de passequilles et de franfreluches étincelantes, qu'on a peine à en distinguer l'étoffe.

A première vue, il nous semble un peu trop herculéen pour une épée; mais il pratique, dit-on, à la rigueur ce précepte du grand Romero : « En face de l'animal, le torero doit mettre sa confiance, non dans ses jambes, mais dans ses mains; il doit clouer ses pieds au sol, et, lorsque le taureau arrive directement sur lui, le tuer ou succomber. »

La clef du toril, ornée d'une touffe de rubans, est jetée à l'alguacil, qui la remet au belluaire et se sauve de toute la vitesse de sa monture. Aussitôt le battant de la porte se renverse, et le premier taureau se précipite en bondissant dans l'arène.

Manteo, tel est le nom de l'animal, a d'abord vagué au milieu de la place, étonné du bruit et de la lumière;

mais les chulos, en agitant leurs capes, l'ont amené du côté des picadores, qu'il n'apercevait pas ou qu'il craignait ; trois fois il a fondu sur les chevaux ; mais le bras de fer des picadores et la pointe des varas l'ont maintenu. Ne se souciant plus de ces attaques inutiles, il s'est remis à poursuivre les chulos qui l'agaçaient de leurs mantes brillantes ; puis la trompette a sonné.

Le drame du taureau a invariablement trois actes, comme les comédies de cape et d'épée : les piques, les banderilles et le glaive, qui forment l'exposition, le nœud, le dénoûment. — C'était le second acte ; quatre paires de banderilles furent très-prestement posées à l'animal, dont les hameçons qui arment ces sortes de flèches enjolivées de découpures en papier de couleur, parvinrent enfin à exciter la colère ; le clairon fit entendre une fanfare, et Dominguez, après le salut d'usage, s'avança vers son adversaire cornu, l'épée d'une main et la muleta de l'autre. La muleta est un morceau d'étoffe rouge qui pend à un bâton tenu transversalement, seul bouclier de l'homme attaquant en veste de satin, en culotte et en bas de soie, une bête formidable et furieuse. Au bout de quelques passes faites avec beaucoup de grâce et d'adresse, Dominguez se piéta, laissa fondre le taureau sur lui et le mit à mort d'un *mete y saca* admirablement porté et digne de l'illustre Montés de Chiclana lui-même. — L'estocade à *mete y saca* est un coup d'épée raccourci qui consiste à ramener le fer immédiatement après l'avoir enfoncé à demi entre les épaules du taureau ; — ce coup est si rapide, qu'à peine l'œil a le temps de le saisir ; on douterait qu'il eût été porté si le taureau, après avoir vacillé quelques instants sur ses jambes, ne roulait, les quatre sabots en l'air.

Les mules, excitées à grands coups de bâton, entraînent le taureau hors du cirque. La fanfare résonne une autre fois, et le second taureau, nommé *Suavo*, fait son entrée. Le nom de *Suavo* pouvait être une antiphrase ; mais l'animal qui le portait justifiait cette douce appellation ; il renonça tout de suite à charger les picadores, et, pour l'exciter, on fut obligé de lui planter des banderilles d'artifice, dont les détonations finirent par l'exaspérer et le mettre en état de se présenter à la mort. El Panadero, la seconde épée, le tua d'un bon vuela-pies. Cette estocade s'emploie avec les taureaux alourdis et qui ne foncent pas franchement sur l'homme : le torero leur fait baisser le muffle avec la muleta, et plante l'épée lorsqu'ils ont la tête basse.

Biscaino, le troisième taureau, était d'un caractère plus décidé : il reçut des picadores cinq coups de lance, des banderilleros trois paires de banderilles, dont une s'est détachée; il sauta par-dessus la barrière et fut tué par Dominguez d'une fausse et d'une seconde estocade *tendida*.

Quatre coups de pique, quatre paires de banderilles, une fausse estocade et un *descabellado* donné par la seconde épée ont eu raison de *Numantino*, un taureau assez faible; *descabellar* un taureau, c'est, en termes de l'art, lui enfoncer la pointe du fer entre les deux cornes, juste dans la partie vitale du cerveau; ce coup, lorsqu'il est bien réussi, détermine une mort instantanée.

Quant à *Malos-Ayres*, le cinquième taureau, il fondit assez bravement sur les picadores à sept reprises différentes, et reçut deux paires de banderilles. Il se présentait mal, et Dominguez le tua difficilement de cinq coups de vuela-pies.

Le héros de la course a été *el Almirante*, grand et beau taureau d'une vigueur remarquable, qui se précipita neuf fois sur les picadores, blessa plusieurs chevaux, secoua avec rage ses quatre paires de banderilles, et mourut noblement d'une estocade en os et de deux vuela-pies, portés par el Panadero. Ce courageux animal eût figuré avec honneur dans les places de Madrid et de Séville.

A ce compte rendu technique de la première course, ajoutez l'effet pittoresque des costumes si lestes et si pimpants des chulos et des banderilleros, la richesse massive des picadores, dont les vestes sont presque des cuirasses d'argent et d'or, la variété des groupes, les rayons de lumière, l'animation tumultueuse du public, l'éclat des toilettes espagnoles et françaises, et vous aurez un spectacle d'une originalité extrême, que les amateurs de la couleur locale étaient obligés jusqu'ici d'aller chercher en Espagne.

Quelques chevaux furent blessés, mais aucun ne resta sur la place. Les picadores, pour ménager les susceptibilités d'un public en partie novice, tenaient la lance longue malgré les cris : *Mas corta la vara*, poussés par les aficionados exaltés. Un chulo poursuivi fit une chute; mais, en rampant à la manière d'un Indien, il se mit bientôt hors de portée du taureau et échappa au coup de corne qui le menaçait.

La seconde course a eu lieu le lendemain. Nous passerons légèrement sur les exploits de *Borracho* et de *Gavilan*, qui se comportèrent pourtant assez bien, pour arriver tout de suite à *Capitan*, un taureau borgne très-farouche et très-dangereux, piqué à dix reprises, et qui avait conservé toute sa vigueur après tant d'attaques. Les toreros se tenaient sur leurs gardes, redoutant quelque accident, et Dominguez avait déjà porté à la terrible bête une estocade de vuela-pies, lorsqu'un coup de corne aussi rapide que la foudre le souleva de terre, et, pénétrant sa culotte de soie à la hauteur de l'aine, le tint suspendu quelques secondes longues comme des siècles. Chulos, banderillos, se précipitèrent sur le taureau, le tirèrent par la queue, le saisirent par la corne restée libre, au risque de se faire embrocher, et délivrèrent leur chef de cette situation horrible. — Une angoisse affreuse oppressait toutes les poitrines; mais l'homme qu'on croyait mort se releva avec un mouvement d'une fierté superbe, reprit son épée, et, en dépit des spectateurs, qui lui criaient de toutes parts de se retirer, marcha intrépidement contre le monstre, qu'il tua, après quelques passes, d'un magnifique coup d'épée : l'homme s'était vengé de la bête; la force morale l'avait emporté sur la force brutale; l'âme avait vaincu la matière! La tête basanée et pâle de Dominguez en ce moment suprême resplendissait d'une beauté héroïque : la volonté, le courage, l'orgueil, le stoïcisme y brillaient d'un éclat sublime. Lorsque la bête eut roulé à ses pieds comme reconnaissant la supériorité humaine, Dominguez se retira à pas

lents, car la blessure de sa cuisse devait commence[r]
le faire souffrir, se drapant de sa muleta comme un e[m]
pereur romain de sa pourpre, avec un air de maje[sté]
incomparable, au milieu des acclamations et des appl[au]
dissements frénétiques des spectateurs enthousiasm[és].

Après une telle émotion, le reste de la course [de]
vient nécessairement bien pâle ; *Tambor*, *Trabuco*, *[A]*
roso furent dépêchés avec plus ou moins de bonhe[ur]
par el Panedero, la seconde épée, et tout le monde
se retirant exaltait la bravoure de Dominguez, et s'i[n]
formait des suites de sa blessure, qui n'a rien de dang[e]
reux, à ce qu'affirment les médecins.

Leurs Majestés Impériales honoraient les deux cou[r]
ses de leur présence.

II

Quand on est à Bayonne et que l'on voit se découp[er]
à l'horizon la crête bleuâtre des Pyrénées, on se di[t :]
« L'Espagne est là derrière ; en quelques tours [de]
roue, nous y serons ! » Et l'on oublie qu'à Paris la t[ra]
gédie déclame, le drame rugit, le vaudeville cha[n]
tonne, et que les premières représentations se succ[è]

dent. Aussi avons-nous cédé tout de suite à la tentation, ce qui est encore le meilleur moyen de s'en débarrasser, et l'arène avait à peine bu le sang du dernier taureau, qu'une large calèche, attelée de trois chevaux, nous emportait, nous et nos compagnons, sur la route d'Irun.

Nous avons revu en passant l'église d'Urrugne et l'inscription mélancolique de son cadran : *Vulnerant omnes, ultima necat*, qui nous avait inspiré, il y a bien des années déjà, une pièce de vers où la funèbre pensée était commentée à notre façon :

La voiture fit halte à l'église d'Urrugne,
Nom rauque dont le son à la rime répugne,
Mais qui n'en est pas moins un village charmant
Sur un sol montueux, perché bizarrement.
C'est un bâtiment pauvre, en grosses pierres grises,
Sans archanges sculptés, sans nervures ni frises,
Qui n'a pour ornement que le fer de sa croix,
Une horloge rustique et son cadran de bois,
Dont les chiffres romains, épongés par la pluie,
Ont coulé sur le fond que nul pinceau n'essuie.
Mais sur l'humble cadran regardé par hasard,
Comme les mots de flamme au mur de Balthasar,
Comme l'inscription de la porte maudite,
En caractères noirs une phrase est écrite ;
Quatre mots solennels, quatre mots de latin,
Où tout homme en passant peut lire son destin :

« Chaque heure fait sa plaie, et la dernière achève. »
Oui, c'est bien vrai, la vie est un combat sans trêve,
Un combat inégal contre un lutteur caché,
Qui d'aucun de nos coups ne peut être touché :
Et, dans nos cœurs criblés, comme dans une cible,
Tremblent les traits lancés par l'archer invisible.
Nous sommes condamnés, nous devons tous périr ;
Naître, c'est seulement commencer à mourir,
Et l'enfant, hier encor, chérubin chez les anges,
Par le ver du linceul est piqué sous ses langes.
Le disque de l'horloge est le champ du combat
Où la Mort de sa faux par milliers nous abat ;
La Mort, rude jouteur qui suffit pour défendre
L'éternité de Dieu qu'on voudrait bien lui prendre.
Sur le grand cheval pâle entrevu par saint Jean,
Les Heures, sans repos, parcourent le cadran ;
Comme ces inconnus des chants du moyen âge,
Leurs casques sont fermés sur leur sombre visage,
Et leurs armes d'acier deviennent tour à tour
Noires comme la nuit, blanches comme le jour.
Chaque sœur à l'appel de la cloche s'élance,
Prend aussitôt l'aiguille ouvrée en fer de lance,
Et toutes sans pitié nous piquent en passant,
Pour nous tirer du cœur une perle de sang,
Jusqu'au jour d'épouvante où paraît la dernière
Avec le sablier et la noire bannière ;
Celle qu'on n'attend pas, celle qui vient toujours,
Et qui se met en marche au premier de vos jours.
Elle va droit à vous, et, d'une main trop sûre,
Vous porte dans le flanc la suprême blessure,
Et remonte à cheval, après avoir jeté
Le cadavre au néant, l'âme à l'éternité !

Qu'on nous pardonne de remplacer quelques lignes de prose par ces vers assez anciens pour paraître nouveaux. Depuis ce premier voyage, que de blessures nous ont faites les Heures cruelles! que de tristesses et d'agonies elles ont sonnées pour nous! — et pour les autres, hélas! car, en ce monde, on ne possède même pas l'originalité de sa douleur; voir disparaître les chers cercueils sous la terre brune, enfouir soi-même les têtes aimées, pleurer ses espérances à jamais perdues, sentir diminuer jour par jour le trésor de sa jeunesse, cela est tout simple et tout naturel.

Le cimetière de l'église d'Urrugne ne ressemble à aucun autre. On dirait le champ de repos d'une race disparue. Les tombes en pierre grisâtre affectent des formes étranges, celtiques, phéniciennes, scandinaves, et d'un archaïsme qui fait remonter à l'imagination le courant des âges; tantôt ce sont des dalles élargies au sommet et qui figurent vaguement les épaules du mort, comme des boîtes de momie, tantôt des disques à piédouche fichés en terre comme les pieux de marbre terminés en turban des cimetières turcs, et où la croix grossièrement gravée s'inscrit dans un cercle. — Vous écartez les herbes qui entourent ces tombes, dont vous essayez de déchiffrer les inscriptions sculptées en relief. Ce sont des noms inusités, des configurations de syllabes singulières, n'appartenant à aucun idiome connu, — des épitaphes en basque, une langue que, selon les savants, Adam parlait en paradis; à des dates toutes récentes, 1852, 1854, vous vous apercevez que ces monuments d'une rudesse si primitive, d'une apparence si antédiluvienne, ont été élevés hier. — Sans doute ce peuple à part, que nous appelons Basque, et qui se nomme lui-même Escualvanac, est fidèle à ses vieilles formes tumulaires comme à sa langue antique, dont nul ne connaît l'origine.

Des tribunes à claire-voie en charpente et un retable doré à la mode espagnole donnent à l'intérieur de l'église d'Urrugne une physionomie exotique. On comprend que l'on approche des frontières.

Saint-Jean-de-Luz, avec ses façades dont les volets, les poutres, les chevrons se détachent en rouge d'un fond de blancheur, ne ressemble à aucune autre ville. Là encore, nous entrâmes dans l'église, où l'ardente et sombre dévotion espagnole se fait déjà sentir. Comme à Urrugne, plusieurs étages de tribunes en bois règnent autour de la nef, et les retables des chapelles, ornés de colonnes salomoniques, sont richement dorés. A l'une d'elles on disait une messe de bout de l'an. Des carrés de drap noir étaient étendus à terre. Des femmes vieilles et jeunes ensevelies dans des manteaux noirs, dont le capuchon rabattu laissait à peine entrevoir le profil pâle, priaient agenouillées, et gardaient une immobilité complète, qui les faisait ressembler à des statues funèbres placés sur des tombeaux. Du haut de l'autel, une sainte Vierge revêtue d'habits de deuil, comme si, pensée délicate et d'une tendresse toute catholique, elle faisait elle-même partie de la famille du mort pour lequel on célébrait la messe, semblait pencher ses regards compatissants sur le groupe affligé. Un reflet vague baignait sa figure coloriée d'une teinte de chair, et lui prêtait une apparence de vie morte tout à fait en harmonie avec la scène.

Ce groupe était d'un aussi beau caractère que celui des femmes dans *le Trentain de Berthal de Haze*, du peintre belge Leys, tant admiré à l'Exposition universelle. Espérons que le grand artiste qui nous accompagnait s'en souviendra, et que nous verrons cette messe de bout de l'an à Saint-Jean-de-Luz reproduite quelque jour, avec toute son onction religieuse, dans un ces dessins colorés comme des tableaux qu'il prodigue si insouciamment.

A Behobie, nous frétâmes une barque pour descendre la Bidassoa jusqu'à Fontarabie — un *desideratum* à remplir dans notre vie de voyages. — Trois fois nous sommes allé en Espagne, et trois fois des exigences de temps et de route nous ont écarté impitoyablement de ce but souhaité. Un charmant tableau de Haffner représentant une rue de Fontarabie avait encore exalté notre désir, qui s'est réalisé enfin. Tout arrive.

Notre embarcation n'avait rien de particulièrement somptueux : c'était un bateau plat à tirer le sable où l'on avait installé des chaises, et que deux jeunes gaillards poussaient à la perche sur l'eau basse du fleuve.

On longea d'abord l'île des Faisans ou de la Conférence, où fut conclu le traité des Pyrénées en 1659. Il ne restera bientôt plus rien de ce morceau de terre historique ; chaque marée en emporte une parcelle.

Les rives du fleuve sont plates et laissent apercevoir dans le lointain les ondulations des montagnes. A mesure que l'on descend, la Bidassoa s'élargit, et l'eau amère se mêle à l'eau douce dans une plus forte proportion. Déjà Fontarabie dessine sa silhouette pittoresquement découpée au sommet de l'éminence qu'elle couvre. Le clocheton bizarre de son église pyramide au-dessus de ses toits de tuile désordonnés et de ses maisons qu'étreignent de hauts remparts ébréchés par plusieurs siéges.

Nous avons à peine mis le pied sur la jetée, que déjà la mendicité espagnole nous tend la main en psalmodiant sa litanie plaintive, et nous donne l'occasion d'exercer la plus belle des vertus chrétiennes, la charité. Une foule de petits Murillos en haillons nous suivent, se poussant, se culbutant; des fillettes de sept ou huit ans se joignent à la troupe et nous débarrassent en un clin d'œil de ce que nous possédions de cuivre. La baguette de l'alguacil, qui nous attendait à la porte de ville, eut bientôt dissipé cette marmaille, dont l'avidité naïve nous amusait plus qu'elle ne nous importunait. Il y avait, parmi cette bande déguenillée, des teints couleur de cigare, des yeux de braise brillant à travers des cheveux incultes, des physionomies charmantes sous leur masque de crasse dont un peintre eût fait son profit. — Une des petites filles, convenablement débarbouillée et vêtue, eût figuré avec avantage sur le devant d'une calèche, à côté d'un king's-charles de duchesse.

D'immenses pans de muraille de vingt pieds d'épaisseur, détachés par la mine, ont roulé dans les fossés de la ville démantelée, où ils reprennent peu à peu l'apparence de rochers, grâce aux plantes pariétaires qui s'y accrochent. La nature aime à parer les ruines. — Où le canon a fait un trou, elle met une touffe de fleurs.

La grande rue de Fontarabie aboutit à une porte, autrefois fortifiée, par où nous entrâmes, et s'élève, en suivant une pente assez rapide, jusqu'au palais du gouverneur. Cette inclinaison qu'évitent avec soin les édilités modernes, a presque toujours pour résultat une perspective d'un effet pittoresque.

Les maisons s'étagent avec une variété de lignes charmante, et semblent s'arranger à souhait pour l'aquarelle ou le décor d'opéra. Cette rue de Fontarabie nous restera longtemps dans la mémoire : figurez-vous des façades, les unes blanchies à la chaux, les autres noircies par le temps; des toits saillants soutenus par des poutres sculptées; des balcons surplombants, d'une serrurerie digne de Biscornete; des blasons déroulant leurs lambrequins au-dessus des portes; des palais aux planchers effondrés, aux fenêtres veuves de carreaux, faits pour loger des princes ou des artistes, et n'abritant plus que des chauves-souris. — Splendeurs disparues, gloires évanouies! — Où sont les nobles hôtes qui animaient ces superbes demeures? L'ortie pousse au foyer, et la couleuvre se glisse parmi les pierres. Les villes meurent comme les hommes, et Fontarabie est une ville morte. Seule, la maison de Dieu est restée debout; l'or brille au sanctuaire d'un éclat tout neuf; et la cité à moitié déserte, qui ne peut soutenir ses toits, a élevé récemment un magnifique retable dans son église.

En quittant la rue principale, où s'est réfugié un reste de vie, on passe par des ruelles à moitié écroulées, où le pas d'un vivant sonne comme dans une nécropole. Ces rues feraient le désespoir d'un philistin; mais ce ne sont pas les moins belles pour l'artiste. Les anciennes formes des temps qui ne sont plus y subsistent intactes à travers les dégradations et les ruines. L'affreuse maçonnerie moderne ne s'y montre nulle part, et au moins nul guide du voyageur, nul dictionnaire géographique ne dira de Fontarabie : « Jolie petite ville propre, bien bâtie, bien pavée, tirée au cordeau. »

Du haut des remparts, on découvre le golfe de Gascogne, la grande mer où quelques chevaux d'écume secouent leur crinière d'argent. — Là-bas, au delà de ce bleu infini, est l'Amérique, le nouveau monde d'où jadis les galions apportaient l'or des Incas aux rois d'Espagne. Une dizaine de barques de pêcheurs tirées sur le sable attendent l'heure de la marée pour aller prendre des sardines.

Ne croyez pas, d'après cette rédaction mélancolique, que nous ayons envie d'ajouter un chapitre aux *Ruines* de Volney; nous ne sommes pas déclamateur de notre nature, et la tristesse que tant de solitude et d'abandon avait pu nous inspirer fut bientôt dissipée.

Attirés par le passage assez rare d'une bande de voyageurs dans cette ville éloignée de la route que suivent les diligences, quelques visages de femme d'une beauté radieuse se montraient aux miradores des maisons les moins détruites, avec toute la grâce et toute la coquetterie espagnoles. C'étaient des têtes pâles aux lèvres rouges, aux dents étincelantes, aux yeux de velours noir, d'un calme brûlant, d'une passion endormie comme en ont peint Murillo, Velasquez et Goya. — Deux ou trois paires d'yeux comme celles-là suffisent à ressusciter une ville défunte, et à faire de Fontarabie le plus agréable séjour du monde. — Quelques instants, nous eûmes l'idée d'abandonner le feuilleton à tout jamais, et de finir nos jours dans une maison sans plancher en face de l'un de ces balcons.

... Nous saluâmes de la main Andaye, assise sur

l'autre rive, en regrettant de ne pas pouvoir boire à sa santé quelques larmes d'or de l'eau-de-vie qui l'a rendue célèbre.

Notre barque nous déposa à Irun. Si jamais vous passez par là, allez à l'église voir un Christ de bois colorié d'une expression vraiment sublime, et regardez, dans un bas-relief assez barbare, du reste, la tête de la sainte Vierge tendant son scapulaire aux âmes du Purgatoire. Par un hasard heureux, l'artiste catholique a rencontré au bout de son ciseau la pure beauté antique. Ce bois peint vaut un marbre grec. Admirez aussi l'éclat sombre du retable tout d'or au fond de l'église obscure. Quand il s'agit de Dieu, l'Espagnol, si avare pour lui-même, est d'une magnificence folle.

WIESBADEN

Un critique, après tout, est un homme, bien qu'il puisse paraître au lecteur une simple abstraction, un cerveau posé sur une table à côté d'une plume, une espèce d'oracle impersonnel, répondant des opinions à qui lui en demande. Or, il peut arriver qu'après de longs jours, de longues semaines, de longues années souvent, il se lasse d'écouter la pièce, de lire le livre, de regarder le tableau et d'en rendre compte au sultan Schahabaham, qui bâille en pensant à autre chose ou à la Bourse. Ce forçat de la publicité, cet esclave condamné à tourner la meule du journal, comme Plaute la meule du moulin, est quelquefois un poëte, et il s'ennuie de s'occuper toujours des idées des autres et jamais des siennes; en outre, la fatigue le prend de vivre enfermé dans ce monde de l'art; il veut voir un peu de ciel, un peu de terre, un peu de verdure qui ne soient pas peints.

Tout cela est pour vous dire qu'ayant passé stoïquement à Paris tout ce bel été, devant notre pupitre, à faire des articles sur le Salon, nous n'avons pas eu le courage de résister à la fantaisie d'aller faire un tour là-bas au delà du Rhin, au risque de faire attendre un peu les paysagistes, les peintres de bataille et les statuaires, qui nous restent à juger. Vous nous le pardonnerez sans doute.

En ce temps de chemins de fer, le voyage existe-t-il encore? Vous partez, et vous êtes arrivé. Pas d'incident, pas d'aventure, pas de caprice possibles. On a les sensations d'une malle. La ressource de l'ancien touriste aux abois — l'attaque de voleurs — vous manque totalement; encore une industrie pittoresque qui se perd! Arrêtez donc un convoi le pistolet à la main, et demandez à une locomotive la bourse ou la vie! Les terreurs nocturnes dans les auberges sinistres vous font défaut également puisqu'on ne couche pas; vous ne pouvez même geindre sur la dureté de la voiture : un excellent fauteuil voltaire vous entoure de ses bras capitonnés et vous provoque au sommeil. Cependant les villes passent, les villages s'envolent, les horizons se succèdent, les Vosges disparaissent derrière les ombres du soir, et vous voilà à Strasbourg ; à peine si vos amis de Paris ont eu le temps de retourner un journal, de faire une ou deux visites, de dîner et d'entrer au théâtre.

Tout le monde connaît Strasbourg, et nous n'avons nulle envie de le décrire ; c'est pourtant une ville déjà bien allemande, quoique toute Française de cœur : à son cachet profondément germanique, on la croirait plutôt au delà qu'en deçà du Rhin. La plupart de ses maisons ont conservé le grand toit primitif, à plusieurs étages de lucarnes où les cigognes aiment à revenir. Les enseignes parlent deux langues, comme celles de Bayonne, et les rues portent des noms bizarrement poétiques, la rue *de la Nuée-Bleue* par exemple.

Après un excellent souper à l'hôtel de *Paris*, — un vrai palais ! — quoiqu'il fût près d'une heure du matin, nous allâmes mettre notre carte chez notre vieil ami le *Munster*. On ne pouvait que distinguer confusément sa masse ; mais son énormité, dégagée de détails, n'en était que plus sensible. La flèche escaladait le ciel avec une ardeur de foi incroyable, et la base semblait dire : « Pourquoi ne m'a-t-on pas chargée de quelques étages encore? Je les aurais bien portés; c'est une honte que Babel et la grande pyramide aient pu regarder par-dessus la tête d'une église chrétienne. »

La nuit flamboyait d'étoiles; nous ne leur avons vu cet éclat qu'en revenant d'Athènes sur le golfe de Lépante. Elles scintillaient à éblouir à travers les dentelures de la cathédrale, comme des fruits d'or sur un arbre noir; la grande Ourse, la petite Ourse et Cassiopée renversaient leurs constellations, toutes trois en forme de chariot d'enfant, et l'étoile polaire brillait comme un soleil. Ce splendide spectacle n'avait naturellement pas de spectateurs, à moins que l'on ne veuille compter comme tels quelques feuilletonistes ayant rompu leur ban, et faisant partie du train de plaisir qui nous entraînait à Wiesbaden.

De bon matin, nous passâmes le pont de Kehl; le Rhin, extrêmement bas, laissait voir des îlots de sable et coulait vert comme de l'aigue-marine à l'Océan, où il n'arrive pas. La bravade d'Alfred de Musset

    Nous l'avons eu, votre Rhin allemand,
      Il a tenu dans notre verre!

n'avait alors rien d'hyperbolique. La calèche de l'hôte nous remit au bon petit chemin de fer badois, qui nous trimballa tout doucement, en s'arrêtant à chaque pas, à travers un admirable paysage bordé par les collines boisées qu'on appelle la forêt Noire; les stations sont fort jolies et affectent des formes de chalets tyroliens tout festonnés de clématites, de houblon et de vigne vierge. Les employés, pleins de bonhomie, ne vous rudoient pas et vous sourient amicalement. L'on monte et l'on descend tout à son aise. Le chemin de fer allemand n'est pas pressé, et c'est ce qui nous en plaît. Aux principaux débarcadères, un gaillard majestueux, à large barbe, costumé en suisse de paroisse, porteur d'une grande canne à pommeau d'argent, s'empresse de vous donner les explications nécessaires en français tudesque. — Chez nous, le public est toujours traité un peu en criminel ou en ennemi. Les théâtres et les chemins de fer ont l'air d'en vouloir aux spectateurs et aux voyageurs... qui les dérangent. Ils leur pardonnent à peine de les enrichir.

On avance, on recule, on change de voie et de wagon, et l'on débarque à Francfort, entre la porte Saint-Gallus et la porte du Taunus. Il n'y a peut-être pas tant de cariatides à Francfort que le prétend Victor Hugo dans une de ses merveilleuses lettres du Rhin. Ce n'est pas le poëte qui a tort, c'est la ville; car toutes ces chimères architecturales se tordant sous les balcons et les corniches seraient d'un effet admirable. Peut-être bien aussi les bourgeois, furieux d'être accusés de pittoresque, ont-ils fait disparaître ces monstres si bien décrits, car nous n'avons jamais pu les trouver.

La vieille boucherie a aussi lavé son ruisseau rouge, et les bouchères roses n'y sourient plus sous des guirlandes de gigots; les gigots sont remplacés par des boyaux insufflés affectant les formes les plus bizarres. Quelques maisons neuves se glissent dans la rue des Juifs, dont les masures lépreuses, moisies, vermoulues, vont bientôt disparaître, regrettées seulement des poëtes et des peintres; car elles racontaient le moyen âge mieux que l'histoire et les chroniques. Ces affreux taudis ne cachaient, d'ailleurs, qu'une misère feinte. Derrière ces murs sombres étincelaient, parmi les haillons, des trésors inestimables.

Le long des boutiques noires et des échoppes immondes erraient quelques figures aussi profondément hébraïques, malgré leur chapeau tromblon, que celles des juifs de Jérusalem qui baisent les pierres du mur de Salomon dans le magnifique dessin de Bida; d'autres regardaient avec un air d'extase la nouvelle synagogue qui se construit. C'est un grand édifice en grès rose de Heilbronn, avec des ogives en cœur, des colonnettes et des ornements d'un goût oriental, que surmontent plusieurs dômes à la façon des mosquées. Chose rare pour un monument moderne, on ne peut le prendre ni pour une caserne, ni pour un marché, ni pour une Bourse, ni pour un théâtre, ni pour un palais, ni même pour une église; — c'est bien une synagogue. L'architecte a su écrire la destination de l'édifice dans les lignes de son plan.

Saluons, en passant, la statue un peu lourde de Gœthe, modelée par Schwanthaler et fondue par Stiglmaier. Les bas-reliefs du socle, représentant les principales créations du poète, valent mieux que son effigie, mais cependant ne sont pas bien bons. Le tout crie assez haut à l'attention distraite :

Onorate l'altissimo poeta!

Le chemin de fer du Taunus, où nous montons après dîner, nous transporte en deux ou trois heures à Wiesbaden. Nous aimons assez à entrer le soir dans un ville inconnue. Entre la lumière et l'ombre, l'imagination a du jeu. Des lignes inflexibles, des couleurs crues ne l'arrêtent pas. Nous suivons en voiture une avenue

7.

bordée d'hôtels et de palais dont le gaz fait ressortir la blancheur. C'est beau, large, grand, propre, riche, neuf, confortable, élégant, moderne, bref une ville que la fashion de toutes les capitales doit trouver charmante. Figurez-vous une tranche du West-End de Londres posée le long d'une promenade.

À peine débarqué à l'hôtel des *Quatre-Saisons*, qui a au-dessus de sa porte une inscription latine renfermant un calembourg médical, nous courûmes au Kursaal ou Maison de conversation.

Deux longues galeries couvertes, et, s'il ne pleut pas, deux belles allées de platanes vous conduisent à un portique hexastyle surmonté d'un fronton grec dont l'architecture ne nous plait guère, mais qui pourrait précéder un palais tout aussi bien qu'un casino.

Au milieu s'étend une pelouse où deux fontaines au milieu d'une pièce plate font effranger à leurs vasques une eau qui ne tarit jamais.

Bien que nous ayons vu, à travers nos travaux, autant d'hommes et de villes que le fils de Laërte, les zigzags de nos courses nous ont toujours éloigné des villes d'eaux et de jeux. Le jeu était donc pour nous un spectacle nouveau. Aussi traversâmes-nous à la hâte les magnifiques salons du Kursaal, tant nous étions curieux de nous trouver face à face avec le monstre.

N'attendez pas de nous de furibondes tirades morales contre la roulette et le trente-et-quarante. Nous croyons que le jeu est une passion humaine qu'on ne supprimera pas plus que les autres — quoique nous ayons le bonheur d'en être absolument dénué; — nous ne prêchons donc point pour notre vice. Mais nous comprenons chez certaines natures ce besoin de lutter avec l'inconnu, ce désir de dompter le hasard, cette fantaisie de provoquer la fortune en champ clos. La compagnie est nombreuse autour du tapis vert, portant d'un côté une losange rouge et de l'autre une simple losange de lacet; des compartiments bizarres divisent le drap; au deçà, au delà des raies, des billets de banque, des pièces d'or, et même des florins, enjeux ou réserve des champions; au milieu de la table, le croupier étalant les cartes les unes auprès des autres sur deux lignes avec une prestesse étonnante; en face de lui, le banquier ramassant le gain avec un râteau, et lançant billets, louis, pièces de cinq francs ou thalers aux joueurs heureux, sans jamais se tromper.

L'expression générale nous a paru une impassibilité morne, naturelle ou voulue. D'abord, sans doute, c'est un masque; mais ce masque finit par adhérer à la figure et devenir la figure elle-même. Rien n'est moins dramatique pour le spectateur désintéressé qu'une tablée de joueurs. Vous diriez un congrès de mathématiciens cherchant la solution d'un problème difficile. En effet, chacun refait à sa manière le calcul des probabilités de M. Poisson et cherche à deviner la logique du hasard; car, à force de vivre avec lui, les joueurs ne croient pas au hasard. L'un suit une martingale, l'autre joue la gagnante; celui-là met exclusivement sur la rouge, celui-ci masse ses coups comme un général d'armée ses bataillons, d'après une stratégie à lui connue. Bien peu s'abandonnent franchement à la chance adverse ou favorable. Tous piquent les coups sortis sur une carte à deux couleurs, et supputent, d'après les séries passées, les séries à venir. Cependant les râteaux vont et viennent, amenant et repoussant l'or. De temps en temps, un joueur *rincé* se lève et cède place à un autre. Plus rarement il s'en va emportant son gain. Ce n'est pas pourtant qu'on ne gagne souvent et même beaucoup à Wiesbaden, où il n'y a que huit *refaits* par jour; mais s'arrêter ayant la veine pour soi est une chose presque impossible : on veut suivre jusqu'au bout ce filon d'or, épuiser ce placer jusqu'à la dernière pépite, et l'on perd, et puis le joueur passe et la banque reste. Le seigneur *Jeu* s'assoit dans son fauteuil à onze heures du matin et ne se retire qu'à onze heures du soir. Plus d'un million par jour, d'après l'estimation la plus modérée, subit sur sa table le flux et le reflux de la perte ou du gain.

Quelques femmes s'approchent aussi du tapis vert. Dès qu'elles sont assises, elles ne sont plus coquettes : c'est tout dire.

Le jeu qui, dit-on, vous prenait votre chapeau à Frascati ou au 113, vous le laisse à Wiesbaden; mais il vous prie poliment de l'ôter par la voix de ses laquais en grande livrée.

La roulette, moins suivie, ressemble à un jeu de macarons perfectionné. La boule tourne en sens inverse du disque jusqu'à ce qu'elle s'arrête à une des cases peintes et numérotées. L'on joue le numéro ou la couleur, la série transversale ou longitudinale, du moins à ce qu'il nous a semblé, car nous sommes à cet endroit d'une stupidité particulière.

Le jeu, s'il est le principal revenu du Kursaal, n'est pas son seul attrait, on y mange bien et très-bien; on y entend d'excellente musique; on y danse, on y donne des fêtes charmantes. Dans le même concert où assistaient la duchesse de Nassau, les personnages de la cour et

Tout ce monde doré de la saison des bains,

nous avons entendu la harpe de Godefroid, le violoncelle de Servais, la voix de madame Ugalde, des fragments de *Christophe Colomb*, l'air de *Fidelio* par mademoiselle Storck, et l'*Alleluia* de Haendel enlevé avec un entrain triomphant. M. Léopold Amat avait organisé en quelques jours ce concert ou plutôt ce festival, et Félicien David dirigeait lui-même l'orchestre qui exécutait sa musique.

Un autre soir, il y a eu bal; le lendemain, *nuit vénitienne* dans le parc du Kursaal, qui se prolonge indéfiniment, mélangeant les eaux, la verdure et les fleurs, de la façon la plus pittoresque.

Au milieu de la pièce d'eau ou plutôt du petit lac qui s'étale devant les promeneurs, s'élance un jet d'eau aussi haut que celui de Saint-Cloud ou des Tuileries. Dans le jour, on aperçoit son blanc panache bien au-dessus du fronton de l'édifice, quand on arrive du côté de la ville. Ce jour-là, on avait eu l'idée, aussi ingénieuse qu'originale, d'illuminer le jet d'eau au moyen d'une combinaison de feux de Bengale et de lumière électrique. Figurez-vous cette immense gerbe de quatre-vingts pieds d'altitude, montant dans le ciel nocturne à la rencontre des étoiles, comme une fusée de flamme liquide verte, rouge, bleue, se divisant en aigrettes étincelantes, s'élargissant en brumes où dansaient des arcs-en-ciel, retombant en pluie d'or, d'argent et d'azur, comme les bombes géantes d'un feu d'artifice tiré par les naïades thermales, au milieu d'un bassin brillant comme un grand miroir brisé en millions de morceaux, ou comme un gigantesque bol de punch remué. C'était vraiment féerique, au delà de l'imagination et du rêve. et il serait à désirer qu'on imitât cet effet à Paris dans quelque grande fête. Le jet d'eau des Tuileries se prêterait admirablement à cette pyrotechnie aquatique.

STUTTGART

Lorsqu'on sort de Wiesbaden pour quelque promenade ou quelque excursion, l'œil est invinciblement attiré par l'aspect féerique d'un monument qui se détache du fond boisé des hautes collines. A le voir de loin, on ne distingue qu'une tache blanche où scintillent des paillettes d'or. Quand on se rapproche, on croit avoir devant soi un rêve des *Mille et une Nuits*, un kiosque de kalife, une mosquée de Bagdad, un tocador de sultane; cinq coupoles d'or s'arrondissent gracieusement sur un toit à l'orientale. Mais bientôt vous vous apercevez que ce n'est pas la demi-lune de l'islam qui brille à la pointe de ces dômes, mais bien la croix à deux croisillons, la croix de Saint-André, symbole de l'Église grecque; des chaînes dorées les relient aux clochetons. L'édifice, à l'extérieur, est tout en marbre blanc; les fenêtres, les portes affectent la forme du plein cintre et sont bordées d'ornements byzantins; aux feuillages des chapiteaux s'entrelacent des fantaisies merveilleusement sculptées. Vous reconnaissez le style russe, qui conserve encore le goût grec du Bas-Empire. Le palais de fée était un tombeau.

N'imaginez rien de lugubre et de funéraire. C'est la tombe d'une jeune et belle femme — la duchesse Élisabetha Michaëlovina, fille de l'empereur Nicolas, et première femme du duc de Nassau. Ici, la douleur s'est faite gracieuse, le deuil élégant, presque coquet, comme si rien de triste ne devait s'attacher à cette charmante mémoire.

Vous entrez; — des babouches de feutre vous attendent à la porte, car vos talons pourraient rayer le pavement de mosaïques précieuses; — des marbres de couleur revêtent les parois intérieures; des colonnettes de jaspe soutiennent les arcatures. Les églises grecques diffèrent des églises catholiques, en ce que le chœur est masqué par un grand retable percé de portes par où sortent et rentrent les popes pendant l'office divin, dont les cérémonies ne sont pas toutes visibles pour les fidèles comme celles de la messe.

Ce retable est toujours d'une grande richesse. Celui de la chapelle d'Élisabetha Michaëlovina ne peut guère être dépassé en somptuosité. Figurez-vous la façade d'un palais d'or sculptée, fouillée, découpée; le bijou élevé aux proportions de l'édifice; dans les compartiments que dessinent les divisions de l'architecture et les baies des portes, se découpent, sur des fonds d'or, la Vierge, les anges, les apôtres, peints d'un pinceau trop délicat peut-être; nous aurions préféré les effigies archaïques comme les enluminent encore les moines du mont Athos sur les vieux patrons byzantins. Mais cette imagerie farouche et barbare contrarierait sans doute l'effet clair, suave et tendre du monument, et l'on a bien fait, après tout, d'adoucir un peu le caractère de ces *icones*.

Le tombeau proprement dit se trouve dans une chapelle latérale, ou plutôt une espèce de sanctuaire, où l'on a évité avec un soin que nous approuvons tout emblème mortuaire, tout symbole répugnant.

Une statue de femme en marbre blanc est couchée sur une tombe taillée en forme de lit : elle semble dormir ou plutôt se reposer les yeux mi-fermés, comme pour suivre plus en paix quelque agréable rêverie. L'attitude n'a rien de la roideur cadavérique, et le souvenir, en venant pleurer près de cette couche funèbre, n'éprouvera ni déception ni dégoût ; — la duchesse est aussi belle que pendant sa vie; elle n'a de la mort que sa pâleur marmoréenne. Sa draperie, mollement fripée, n'affecte pas des plis de linceul et joue avec souplesse autour de ses formes juvéniles; une couronne de roses ceint la tête légèrement inclinée vers une épaule. Cette statue fait honneur au talent d'Hopfgarten, que nous ne trouvons pas sans analogie avec celui de Pradier, et que nous louerons pour cette pudeur athénienne qui lui a fait éviter, dans un monument funèbre, les idées laides et tristes dont on accompagne ordinairement la mort.

A côté de l'édifice se cache à demi dans le feuillage une sorte de presbytère grec pour les popes qui desservent la chapelle ; ses arcades, portant sur des piliers trapus et formant cloître, s'harmonisent bien avec le caractère du monument.

Si vous continuez à gravir la colline par un chemin assez âpre, mais pourtant carrossable, vous arrivez à la Platte, un château de chasse bâti en 1824 par le duc Guillaume. Ce château est fort simple à l'extérieur.

Deux grands cerfs de bronze, modelés par Rauch, sont placés de chaque côté du perron. Pour visiter le château, il faut encore chausser les babouches de feutre, car les parquets sont faits en marqueterie de bois des îles d'une exécution très-soignée. La curiosité du lieu consiste dans la bizarrerie de l'ameublement, composé de bois de cerf ingénieusement mis en œuvre. Toutefois, nous avouons que ces fauteuils hérissés d'andouillers et de cors invitent peu à s'asseoir. Saint Hubert seul peut s'y trouver à l'aise. Des lustres faits de bois de cerf pendent des plafonds. Des massacres déploient leurs ramures à toutes les corniches et témoignent combien les forêts d'alentour sont giboyeuses ou combien les chasseurs sont adroits. Dans les panneaux, l'on voit des peintures assez naïves représentant la vie du cerf avec ses divers épisodes, mais qui nous paraissent bien faibles à nous, accoutumé à la couleur titianesque et à l'énergique brosse du grand veneur Godefroy Jadin.

Un télescope, braqué d'une des fenêtres sur l'horizon immense et magnifique, permet d'apercevoir, à travers la gaze bleue du lointain, Mayence et ses églises rouges, le Rhin traversé par le pont de bateaux et fouetté par les palettes d'une ligne de moulins; l'on peut même distinguer, quand le soleil déchire la brume légère, les voitures, les cavaliers, les promeneurs, plus petits que des fourmis sur un fétu de paille.

On nous mena ensuite à une clairière de la forêt, pour voir le déjeuner des sangliers; mais ces messieurs n'avaient pas faim apparemment et ne daignèrent pas sortir de leur bauge pour nous. Pourtant des fumées, des pistes et des abatis rencontrés à chaque pas, ne nous laissaient pas le moindre doute sur leur existence.

Notre séjour à Wiesbaden coïncidait avec l'entrevue des empereurs à Stuttgart; et, malgré notre vif désir de voir les fêtes auxquelles cette rencontre devait donner lieu, nous n'osions risquer l'excursion, de peur de coucher à la belle étoile; la lettre d'un ami, nous prévenant qu'une chambre nous était réservée à l'hôtel *Marquardt*, nous décida, et, le lendemain, nous étions à Stuttgart, que nous avons jadis trouvé si paisible en le traversant pour aller à Munich. Nous ne sommes pas un chroniqueur politique; ainsi ne redoutez de notre part aucune conjecture saugrenue ou paradoxale sur les motifs de l'entrevue : nous ne soupçonnons pas ce que l'aigle à une tête et l'aigle à deux têtes ont pu se dire, et nous n'avons fait aucun effort pour le deviner.

Nous nous sommes contenté de nous promener par les rues, à travers une énorme affluence d'étrangers, dans un pêle-mêle d'équipages se hâtant vers quelque cérémonie ou quelque gala.

Nous vîmes là ce qui n'existe plus depuis longtemps en France, un coureur ! — le dernier peut-être de l'espèce. C'était un homme maigre, svelte, basané sous des cheveux blonds, vêtu d'une veste de velours flottante richement galonnée, d'un pantalon rayé de bandes roses et blanches, sanglé d'une ceinture, coiffé d'une sorte de petit bonnet à la hongroise. Il tenait en main un cor dont il sonnait de temps à autre, sans ralentir son pas gymnastique. On le rencontrait partout courant comme un dératé et s'acquittant de divers messages. Eût-il pu suivre comme un zagal une chaise lancée au galop de dix mules d'Espagne, et cela d'un relai à l'autre ? C'est ce que nous ne saurions dire, ne l'ayant pas vu lutter contre des chevaux. Toujours est-il qu'il semblait fort ingambe et nullement fatigué de son métier.

Une représentation solennelle devait avoir lieu le soir au théâtre, et les moindres places se disputaient avec un acharnement dans lequel, vous le pensez bien, la pièce annoncée n'était pour rien. Nous dûmes à la même protection amicale qui nous avait déjà assuré le gîte une excellente stalle d'orchestre. La salle était illuminée ou plutôt incendiée *a giorno*, et, quand leurs majestés impériales et royales parurent dans leur loge, une longue acclamation salua leur entrée. La toile levée, bien des têtes encore ne regardaient pas la scène : c'est en effet un spectacle rare dans l'histoire qu'une loge renfermant deux empereurs, un roi, une impératrice, une reine et une grande-duchesse ! et peut-être, les augustes spectateurs exceptés, personne n'écouta-t-il la musique brodée par Balfe sur le canevas de *la Gypsy* transformé en opéra.

Le lendemain, nous assistâmes à une grande fête agricole célébrée à Cannstadt; en face de la tribune préparée pour les hôtes illustres du roi de Wurtemberg s'élevait un monument d'architecture rustique formé d'arcades en branches de sapin et surmonté d'un grand candélabre fait avec des pommes de couleurs contrastées, des épis de maïs et autres productions de la terre.
— C'était charmant.

Les bœufs primés, ornés de guirlandes comme des victimes antiques, défilaient devant la tribune et recevaient leurs prix ; aux bœufs succédèrent les moutons, également enjolivés; puis vinrent les porcs, aussi couronnés de feuillages; la simplicité allemande pouvait seule risquer cette hardiesse naïve : des cochons fleuris!

Des courses de chevaux eurent lieu ensuite. Les chevaux avaient de la race et du feu, mais les jockeys nous semblaient d'une tournure peu anglaise, singulièrement accoutrés et assez novices sur le turf. Notre étonnement cessa lorsque nous apprîmes que ces jockeys étaient tout simplement les éleveurs eux-mêmes, — bons cavaliers, du reste, et qui fournirent gaillardement leur course.

En regagnant notre calèche, nous vîmes passer les équipages de la cour, attelés de beaux chevaux blancs d'une race particulière au Wurtemberg, et dont la robe s'allie très-bien avec la grande livrée rouge et or du roi.

Depuis que nous étions à Stuttgart, une ambition presque irréalisable nous agitait, celle de pénétrer dans la Wilhelma, une résidence mystérieuse et charmante fermée à tous les regards profanes, un Eldorado inconnu dont on raconte vaguement les merveilles, — aucun voyageur n'y est entré, — *unus vel nemo*.

Nous concevons très-bien ce caprice royal de clore hermétiquement son rêve, de ne pas le laisser déflorer par la curiosité vulgaire, et d'y vivre absolument cloîtré. L'on est bien jaloux de la beauté d'un palais. Quel charme dans une vie publique comme celle d'un roi, d'avoir un coin réservé, inconnu !

Pour se faire ouvrir la porte de cette retraite si obstinément murée aux touristes, il faut posséder le *Sésame ouvre-toi* des contes arabes, et ce mot, on ne le communique pas volontiers. Nous rencontrâmes le bon génie dans un instant favorable, et tout obstacle fut levé.

La Wilhelma n'a rien de remarquable à l'extérieur vous passeriez vingt fois devant sans y jeter les yeux si vous n'étiez pas prévenu que c'est là. Un long mur que dépassent des arbres, — c'est tout. Impossible de soupçonner du dehors un palais ou un château, ou même un simple pavillon derrière ces verdures confusément massées ; on dirait un parc un peu abandonné ou dont le maître est depuis longtemps en voyage. Jamais la maxime de la sagesse « Cache ton bonheur, » ne fut mieux suivie.

Les premiers pas qu'on fait dans l'enceinte mystérieuse ne vous apprennent rien encore ; on marche presque au hasard le long d'allées et de massifs, rideau de végétation qui masque le merveilleux décor, le magnifique palais d'Aladin. Au bout d'un petit sentier, nous débouchons dans un vaste espace ouvert, et nous ne pouvons retenir un cri de surprise.

Par un coup de baguette, nous étions subitement transportés de Stuttgart à Grenade, du XIXe siècle au XIVe, du règne de Guillaume, roi de Wurtemberg, au règne d'Yusef Abul-Hagiag, calife d'Espagne.

Un palais moresque d'une incontestable authenticité, achevé d'hier pourtant, — ou du moins ses fraîches couleurs le font croire, — aussi grand que l'Alhambra et qui n'est pas l'Alhambra; un palais inventé, non copié, comme si les architectes d'Abu-Nazar et d'Abi-Abdallah existaient encore, se développait devant nos yeux éblouis avec les magies du rêve et les précisions de la réalité.

Au-dessus des lignes d'architecture bleuissaient, au lointain, des montagnes sur lesquelles nous fûmes étonné de ne pas voir briller les paillons d'argent de la sierra Nevada, tant nous avions de peine à nous persuader que nous n'étions pas à Grenade!

La Wilhelma est le caprice le plus poétique qu'un roi se soit passé. — Il y a dix-sept ans, nous écrivions dans l'Alhambra même, avec le soupir de l'impossibilité : « Si nous étions un peu millionnaire, une de nos fantaisies serait de faire un duplicata de la cour des Lions au milieu d'un de nos parcs. »

Cette phrase échappée au désir d'un pauvre poëte habitué à voir s'envoler ses chimères, le roi de Wurtemberg se l'est dite, et le rêve s'est accompli.

Ce n'est pas une chose rare qu'un roi se fasse bâtir un château énorme, magnifique, splendide ; mais qu'il réalise aussi absolument une fantaisie ingénieuse, délicate et charmante ; qu'il la mène à bout avec une telle perfection de détails et un soin si curieux et si persévérant, c'est ce qui ne se voit ni tous les jours, ni tous les siècles, et surtout lorsque nulle idée d'éblouir ne s'y mêle.

Pendant que nous écrivons ces lignes, une triste nouvellle nous parvient par *la Presse* :

« Tous les correspondants de Stuttgart ont raconté des merveilles de la villa du roi de Wurtemberg, la Wilhelma, près de Cannstadt, quoiqu'un seul d'entre eux peut-être ait été admis à la faveur de visiter ce magique palais. M. le docteur Zanth, architecte du roi, qui avait construit cette royale résidence, vient d'expirer le 6 de ce mois, au moment où l'empereur de Russie détachait vers lui le prince Gortschakov pour lui remettre la croix de l'ordre de Stanislas.»

On nous avait dit, en effet, que M. Zanth était malade quand nous visitâmes la Wilhelma, mais nous ne pensions pas apprendre si vite sa mort.

M. Zanth, nous assure-t-on, n'a vu ni Grenade, ni Cordoue, ni Séville, ni le Caire, ni Alep, ni Damas, où se trouvent les plus beaux monuments de l'architecture arabe ; il n'a pas dépassé Palerme, qui conserve, comme on sait, dans quelques édifices, des traces du goût sarrasin. C'est donc par un admirable effort d'intuition qu'il est parvenu à reproduire de toutes pièces un style dont la tradition est perdue, même à son lieu de naissance, et qu'il a pu réaliser en plein Wurtemberg le rêve fantastique du roi. La Wilhelma est, en architecture, un résultat analogue à celui du Divan occidental-oriental de Gœthe : la poésie de l'Orient transportée dans le Nord sous une forme concrète et cristallisée.

Représentez-vous, pour la disposition générale, la cour des Lions grandie huit ou dix fois. Sur trois faces règne une galerie, soutenue par de légères colonnettes, recouverte d'un toit de tuiles cannelées; autour des colonnettes s'enroulent des plantes grimpantes mêlant leurs feuillages naturels aux feuillages sculptés, et formant un long cloître de verdure et de fleurs d'une élégance extrême. L'autre face est occupée par une terrasse sur laquelle se développe le palais. Le pavillon central est coiffé d'une espèce de dôme surbaissé et flanqué de deux minarets ornés, comme la pointe du milieu, des attributs de l'islam. Trois grandes portes et trois fenêtres à triples meneaux se découpent dans la façade. De chaque côté s'étendent sur une ligne moins haute, en manière d'ailes, deux corps de logis à toits plats percés de fenêtres arabes. Deux galeries vont à droite et à gauche relier, aux bouts du terre-plein, deux pavillons également arrondis en coupole, et d'où partent des rampes. Du milieu de la terrasse, un large escalier à trois repos descend vers le jardin, planté de myrtes, de grenadiers, de thuyas et de cyprès, comme le jardin de Lindaraja et le parterre du Généralife.

En face du grand pavillon que nous venons de décrire sommairement s'élève, pour lui faire symétrie, une sorte de kiosque interrompant la galerie, à peu près comme la salle des Abencerrages et des Deux-Sœurs interrompent à l'Alhambra la ligne basse du portique. Ses assises de pierre alternativement rose et grise rappellent le pittoresque bariolage de Sainte-Sophie à Constantinople et d'autres édifices du Caire, où ce mode de décoration est souvent employé.

Une haute ogive échancrée en cœur forme le vestibule, où l'on n'a pas oublié les petites niches de marbre destinées à déposer les babouches, car l'Orient témoigne son respect en se déchaussant, comme l'Occident en se décoiffant; — pourtant la couleur locale n'est pas poussée à la Wilhelma jusqu'à ce point d'exactitude de vous faire ôter vos souliers ou vos brodequins vernis.

Haroun-al-Raschid, le splendide calife, ne se trouverait pas dépaysé en entrant dans cette salle : sans faire une critique, il irait s'asseoir sur le divan de brocart d'or en passant sa main pâle sur sa noire barbe soyeuse, et dirait à son fidèle vizir Giaffar de donner six mille bourses, cent esclaves et trois cents chameaux à l'architecte, en signe de satisfaction.

La cause de l'architecture polychrome, si bien plaidée par M. Hittorf, a été gagnée à la Wilhelma par M. Zanth. Quiconque aura vu cette merveilleuse salle ne comprendra pas qu'on ait pu si longtemps laisser aux monuments cette pâleur blafarde et nue. Au reste, les Égyptiens, les Assyriens, les Grecs, les Arabes, les gothiques ont toujours peint les édifices. Ce n'est que beaucoup plus tard, aux époques de décadence architecturale, qu'on s'est avisé d'être si sobre et si sévère.

On ne saurait rien imaginer de plus gracieux, de plus riche, de plus charmant. L'on admire sans pouvoir se lasser ces colonnettes aux chapiteaux dorés et peints, ces ravalements de carreaux coloriés, ces rinceaux, ces losanges, ces entrelacs, ces étoiles, ces rayons, ces nervures, rechampis d'or sur des fonds d'azur, de sinople, de pourpre, qui en détachent le dessin ingénieusement compliqué; ces niches et ces pénétrations taillées en stalactites ou en gâteaux d'abeilles, ces immenses guipures frappées comme à l'emporte-pièce, ces infinis détails où l'œil s'amuse et se perd à travers toutes les décompositions des formes mathémathiques. L'art iconoclaste de l'Orient n'admettait dans son ornementation ni l'homme ni l'animal, à peine quelque fleurs chimériques : M. Zanth a été sur ce point aussi scrupuleux que s'il eût professé l'islam et répété cinq fois par jour, en dessinant ses plans : « La illah il Allah » ou : « Mohamed raçoul Allah ! » Nous approuvons beaucoup cette réserve, qui ajoute singulièrement au caractère de l'édifice.

Par un amour-propre qui honore son invention, M. Zanth n'a rien copié dans les ouvrages où sont reproduits les détails de l'Alhambra, de l'Alcazar de Séville, du Mirah de Cordoue ; il n'a pas décalqué Giraut de

Prangey en stuc ou en pierre; il a imaginé dans le caractère sarrasin, arabe ou moresque, comme on voudra l'appeler, des ornements nouveaux, comme s'il eût été un architecte du temps des califes, surveillé par la jalousie de ses confrères, prêts à crier au plagiat.

L'ameublement de cette belle salle consiste en divans, en piles de carreaux recouverts des plus riches étoffes, en portières de brocart tramé d'or et ramagé de larges fleurs. Du plafond descendent des lustres délicatement ouvrés dans le goût arabe et du plus charmant effet. Sur les vitres des fenêtres, à trèfles et à colonnettes percées assez haut, sont peints des volubilis, des branches de verdure, des guirlandes de fleurs dont la transparence fait illusion et qu'on prendrait pour la végétation extérieure poussée contre le verre par la brise.

Le grand pavillon dont la terrasse renferme les appartements du roi, est décoré dans le même style avec une variété dont on peut difficilement donner l'idée par des mots. La salle de bain, d'une élégance exquise, fait penser aux bains de la sultane à l'Alhambra, une des plus charmantes créations du génie arabe. Les portières rappellent les plus belles étoffes de l'Orient, et les pieds y effleurent partout ces tapis de Smyrne qui ressemblent à des bouquets foulés par la danse des péris.

Ce qui frappe surtout dans cette retraite délicieuse, c'est le goût parfait, l'élégance exquise, l'invention délicate et perpétuelle. Ce n'est point un gros luxe lourd, aveuglant, criard, fait à coups de millions. Un particulier pourrait à la rigueur s'en bâtir une pareille. Beaucoup de châteaux qui n'ont ni ce caractère, ni cette étrangeté, ni cette poésie, ont coûté à coup sûr davantage. Ce rêve est fixé avec des matériaux légers, de peu de prix; l'art y surpasse partout la matière; mais l'Alhambra, que toutes les descriptions font de marbre, n'est-il pas tout simplement en plâtre?

BADEN

—

A moins d'être un homme de rien ou de bien peu, il est impossible de se produire décemment sur l'asphalte des boulevards au mois de juillet. Le perron de Tortoni ne montre que des figures inconnues, et, si vous rencontrez quelqu'un, il se hâte de vous dire, pour excuser sa présence incongrue : « Eh ! mon cher, quel hasard ! J'arrive ce matin de*** ; et vous, que faites-vous-là ? Il n'y a plus que vous absolument à Paris. Mon tailleur est parti hier pour Smyrne, mon bottier pour Ramsgate. »

Après de si aimables paroles, sous peine d'être déshonoré à tout jamais et convaincu d'inélégance sans circonstances atténuantes, il faut irrémissiblement jeter des chemises dans sa malle, des napoléons dans sa poche, et faire viser son passe-port, n'en eût-on aucune envie et fût-on retenu par les affaires les plus urgentes.

Nous qui n'avons pas d'affaires urgentes et qui sommes toujours ravi lorsqu'on nous fournit un prétexte plausible de changer le décor de notre existence, à la deuxième interpellation de ce genre, nous étions en route.

Par un concours de circonstances singulières, nous ne connaissions pas Baden, nous qui avons tant erré d'un côté et de l'autre du Rhin, et que les douaniers du pont de Kehl saluent familièrement comme un ami?

Aussi, le soir, montions-nous dans l'express de Strasbourg, et, le matin même, arrivions-nous à destination sans autre aventure qu'un froid intense, hyperboréen, retraite de Russie, éprouvé en traversant les Vosges, et qui nous convainquit de la vérité axiomatique formulée par Méry : « Le fond de l'air est toujours froid. »

C'était bien notre faute ; un vieux routier comme nous eût dû se rappeler qu'en voyage, le meuble le plus indispensable est un manteau de fourrure, surtout l'été.

— Parlez après cela de l'expérience; elle sert à grand'chose!

Le débarcadère de Baden a des façons de chalet et

de *bierbraüerei* qui font comprendre que, malgré la rapidité de la route, on n'est plus tout à fait à Paris.

Il consiste en une longue galerie terminée à ses bouts par deux pavillons aux grands toits suisses, bordés de fines découpures en bois, et dont les tuiles vernissées et coloriées dessinent des losanges; des espèces de tourelles en saillie, à la manière anglaise, sont appliquées aux façades extérieures des pavillons, éclairés par des fenêtres à vitraux de couleur que festonnent des plantes grimpantes, des guirlandes fleuries. Un clocher mignon et svelte, où s'incruste un cadran, couronne pittoresquement cette jolie cathédrale de la viabilité. Nous aimons cette architecture légère et demi-rustique dans son élégance; elle convient peut-être mieux aux chemins de fer que les immenses et coûteux entassements de moellons dont on est prodigue chez nous.

L'aspect de Baden, vu du débarcadère, est des plus riants. On sent tout de suite une ville de plaisance et de loisir. Les maisons peintes de nuances gaies s'épanouissent au milieu des verdures, comme des fleurs entourées de mousse; tout est propre, frais, neuf, heureux. Nulle trace d'âge ou d'intempéries; on dirait que les habitations, cottages, villas, chalets, ont été conservées l'hiver dans des boîtes et posées au bord de la route pour la saison d'été. Aucune idée pénible ne vient vous assaillir, jamais un convoi d'enterrement ne traverse les rues; les habitants attendent l'hiver pour mourir, — s'ils meurent; — à Baden, tout le monde se porte bien, et les eaux qu'on y boit ne servent qu'à ouvrir l'appétit.

La ville, faite en décor d'opéra, s'étage gracieusement sur une colline, dominée par le château du grand-duc et une église dont les clochetons à renflements moscovites produisent un fort bon effet.

Au bas, le long d'une rue bordée de ces grands hôtels à tenue aristocratique, à confortable anglais, qu'on ne trouve qu'au delà du Rhin, court sous une multitude de ponts en bois, en pierre, en fer, l'Oos, une jolie rivière-torrent, qui couvre de deux ou trois pouces d'eau diamantée un lit de gravier et de granit, tapissé de fontinales.

Par ces simples lignes qui ont l'intention d'être un éloge, car rien n'est plus charmant que cette eau vive au milieu de la ville, nous venons peut-être de susciter à jamais contre nous la haine des Badois, à qui nous désirons, au contraire, être agréable. Les habitants des pays étrangers ont l'amour-propre de leurs rivières, et les Madrilègnes nous en veulent encore pour avoir dit, il y a dix-huit ans, que les blanchisseuses du Mançanarès lavaient le linge avec du sable. Les Florentins abhorrent particulièrement Alexandre Dumas père, qui a émis quelques doutes sur la profondeur de l'Arno.

Disons comme correctif que l'Oos, à voir le soin avec lequel il est encaissé, doit gonfler prodigieusement à la saison des pluies et des fontes de neige.

Quel joyeux tumulte! les calèches vont et viennent, les chevaux piaffent, les ânes trottinent, les piétons se croisent en se saluant de la main comme au boulevard des Italiens. Au bout de quelques minutes, vous démêlez dans cette foule pimpante et parée un courant qui se dirige vers le même but. Vous vous laissez porter par lui, et vous arrivez bientôt, de l'autre côté de l'Oos, à une grande pelouse entourée d'arbres séculaires, parfumée d'orangers en fleur, veloutée et verte comme le tapis de ray-grass d'un parc anglais, au fond de laquelle se développe monumentalement la maison de Conversation, dont Alfred de Musset a trop médit dans son charmant poëme intitulé *une Bonne Fortune;* elle vaut bien l'Odéon, la Bourse, ou tout autre édifice moderne de bon goût.

D'ailleurs, si vous n'aimez pas les colonnes, vous

êtes libre de tourner le dos à la chose et de vous asseoir parmi les jolies femmes qui écoutent, un livre ou quelque ouvrage d'aiguille à la main, les valses et les mazurkas jouées par un orchestre de cuivre logé dans un kiosque. Vous aurez, ainsi placé, un coup d'œil ravissant : à droite et à gauche, pour coulisses, les grands arbres des allées ; devant vous, la pelouse ; au second plan, la ville groupée sur sa colline comme si on l'avait bâtie à souhait pour le plaisir des yeux ; au troisième plan, une montagne, une véritable montagne dont les nuages baignent parfois la cime, que tapissent de sombres verdures bleuies par l'éloignement, et qu'achève de romantiser la silhouette ébréchée d'un vieux burg.

Voulez-vous écouter un bon conseil ? Sans vous laisser séduire par les petits frissons métalliques qui bruissent à vos oreilles à travers les fenêtres ouvertes du Kursaal, demandez une calèche, et dites au complaisant cocher badois de vous mener à Ebersteinbourg, ou, tout uniment au vieux château ; il comprendra, ne sût-il pas un mot de français. « Mais je n'ai pas déjeuné, » me répondrez-vous. — Tant mieux, vous trouverez là-haut des œufs frais, des biftecks, des côtelettes, des pommes de terre en chemise, et même un poulet à la chasseur très-passablement sauté, le tout arrosé d'un excellent vin du Rhin qui vaut presque le haut-barsac. Les marmitons ont remplacé les lansquenets dans le vieux burg ; la salle des gardes est devenue une cuisine, et des cabinets particuliers occupent les chambres rondes des tours, éclairés par les embrasures des mangonneaux. Il n'y a pas que des corbeaux, des orfraies et des chouettes dans le manoir démantelé des margraves.

Une bonne route, bien sablée, praticable malgré la roideur de ses pentes, gravit la montagne à travers une forêt de pins gigantesques et de chênes plusieurs fois centenaires. Les petits chevaux badois l'escaladent avec une agilité de chèvre, en une demi-heure ou trois quarts d'heure au plus, et vous déposent à quelques pas du château.

Comme tous les burgs du Rhin, Eberstein est une ruine très-avancée. On voit que le temps n'y a pas travaillé seul. Le temps, que l'on qualifie de grand destructeur, l'est bien moins que l'homme. Il ne va pas si vite en besogne, et il ne dévaste pas d'une façon si complète. Les restes d'Eberstein, qui témoignent une grande existence féodale disparue et couvrent un large espace de terrain dans une position presque inaccessible, consistent en pans de murs ébréchés, en arrachements suspendus, en fontis de voûtes, en cages de logis effondrées ; en tours sans plancher, faites pour le vol circulaire de la chauve-souris, en remparts portant à leur faîte quelques fragments des moucharabys par lesquels ruisselaient aux jours d'assaut l'huile bouillante, le plomb et la poix fondus, sur les casques des assaillants ; le tout entremêlé d'écroulements, de décombres, de pierres, où ont poussé l'ortie, la ciguë, l'asphodèle, les saxifrages, toutes les plantes pariétaires, et même de grands arbres ; — chose étrange qu'un arbre poussé dans une chambre, et soulevant de ses racines la pierre du foyer !

Mais n'ayez pas peur : l'aubergiste, qui s'est installé dans les portions les mieux conservées de l'édifice, a fait le ménage des ruines sans leur ôter rien de leur caractère. Des rampes garnissent les endroits dangereux, des escaliers de bois donnent accès aux portions isolées par l'écroulement et permettent de monter jusqu'au haut de la tour carrée, le donjon, la citadelle du manoir, encore ferme sur ses fondations d'origine romaine. Cette tour est la seule qu'ait laissée debout Eberhard le Larmoyeur, lorsqu'en guerre avec Wolff d'Eberstein, il détruisit, en 1337, ce burg bâti au xr^e siècle, et qui, par conséquent, n'eut guère que deux siècles d'existence intacte.

Sur cette plate-forme, on jouit d'un panorama merveilleux. L'horizon s'arrondit en cercle immense; en face de soi, l'on découvre la délicieuse vallée de Bade; d'un côté, les montagnes boisées de la forêt Noire; plus loin, la plaine où le Rhin brille par places à travers les brumes, cent villages semés çà et là : Rastadt, Carlsruhe, et, quand il fait clair, le dôme de Spire, la flèche de Strasbourg et les dentelures violâtres des Vosges lointaines ; mais ces hauts lieux sont sujets à se capuchonner de brouillard, et, le jour de notre ascension, un nuage rampait sur le flanc de la montagne, semblable à la fumée d'un feu de pasteur, mais pas assez épais pour nous empêcher de voir, à l'aide d'un télescope, un de nos amis entrant à la maison de Conversation.

La descente s'opère rapidement sur cette espèce de montagne russe, malgré les sabots dont le cocher enraye prudemment ses roues, et en quelques minutes vous vous retrouvez à votre point de départ, content de deux heures si bien employées.

Entrez un instant à la Trinkhalle, non pas pour boire un verre d'eau chaude, mais pour en admirer la voûte hardie, dont la retombée porte sur un unique pilier de granit rouge d'un seul morceau, dont la base est une fontaine qui déverse l'eau thermale par plusieurs robinets.

En dehors de la Trinkhalle règne un portique propice aux promenades et décoré de seize panneaux à fresque dans le goût de ceux qui ornent les galeries, autour du Jardin royal à Munich. Ces fresques représentent des sujets tirés des traditions locales ; — entre autres, les nymphes du Mummelsee, espèce d'elfes ou de nixes badoises qui habitent un lac sans fond, à la surface duquel elles viennent jouer parmi les nénufars, quand dort le génie aquatique, leur gardien. — Pour les yeux qui ne sont pas habitués à la sauvagerie du coloris allemand, rendu plus choquant encore par le ton de la détrempe, ces fresques n'ont rien d'agréable au premier abord ; mais, quand on s'y arrête, on en sent le mérite et l'on finit par y trouver du charme. La composition a de l'ingéniosité et de la grâce; mille petits détails naïfs de naturalisme germanique intéressent et font sourire; il y a même une veine de caricature pittoresque assez remarquable dans les têtes des kobolds, coiffés de leurs chapeaux de feutre, les masques grimaçants que figurent les anfractuosités des roches et les faces de bourgeois somnolents qui se mettent aux fenêtres, à demi éveillés par le cor d'un paladin. Ces seize peintures, dont nous ne connaissons pas l'auteur, formeraient, gravées au trait et soutenues de quelques ombres légères, un charmant album dans le goût des illustrations de Retzsch sur Gœthe et sur Schiller.

Mais en voilà assez sur les peintures de la Trinkhalle, allons faire une visite aux boutiques de bimbeloteries installées sous les grands arbres, à côté de la pelouse.

Bon! nous voici tombé sur un magasin de coucous du Tyrol et de la forêt Noire. Debout sur une patte, comme un héron au bord d'un marais, nous attendons l'heure pour que le petit volet s'ouvre, et que l'oiseau vienne faire sa salutation en chantant : « Coucou! » Car ces primitives horloges ne volent pas leur nom comme les nôtres, dont le cadran représente un coq peint en rouge et muet. Le coucou badois pousse consciencieusement ses deux notes chaque fois que l'aiguille touche un chiffre. Honnête coucou!

Ces petites maisonnettes de bois, où loge l'heure rustique, sont si délicatement découpées et d'une si jolie architecture, qu'on voudrait être Lilliputien pour s'en faire un palais. — Nous avons vu avec peine dans le coucou un perfectionnement qui nous semble une déca-

9.

dence. — Hélas! tout dégénère! A l'oiseau se substitue un petit soldat sonnant une fanfare. Tout le cachet est perdu, la niaiserie remplace la naïveté.

Dans les autres boutiques, on trouve des cigares, des agates arborisées, des cristalleries de Baccarat et de Bohême, des jouets de Nuremberg, des cornes de bouquetin, des couteaux à papier et des ouvrages en bois venant de la Suisse.

Maintenant, pour attendre le dîner, remontez en calèche et faites-vous conduire à l'allée de Lichtenthal, une des plus fraîches et des plus charmantes promenades qu'on puisse rêver. La voiture roule sous d'immenses frênes; l'Oos vous accompagne formant de loin en loin des cascatelles, et de chaque côté du val s'élèvent des pentes boisées de chênes et de sapins, sur lesquelles s'assoient des chalets d'un ton chaud ou des maisonnettes peintes de vives couleurs.

Au retour, entrez dans le restaurant à côté du Kursaal, et tâchez d'obtenir une table près d'une fenêtre; en mangeant une truite au bleu, votre quille de steinberg-cabinet devant vous, vous voyez passer tout un monde bigarré de toilettes : vous faites sans bouger la revue de l'Angleterre, de la Russie, de l'Amérique, de l'Allemagne, de la Pologne, de la France, de tous les pays du monde, qui ont là de fashionables représentants.

Vous croyez peut-être que la Comédie-Française a émigré au théâtre Ventadour pendant qu'on restaure sa vieille salle; erreur! elle est à Baden. Voici Bressant qui passe, coiffé d'un panama; et, sous ce chapeau à la Paméla bordé de dentelle noire, brille le fin sourire de mademoiselle Fix. N'est-ce pas mademoiselle Mantelli qui est assise à côté de sa mère, sous la colonnade du Kursaal? En effet, il y a comédie à Baden; *les Campagnes du marquis d'O*, de M. Amédée Achard, seront exécutées ce soir à la maison de Conversation, par un groupe d'artistes aimés de leurs compatriotes, et non moins appréciés par le parterre cosmopolite de Baden.

Le Kursaal renferme des salons Louis XIV, d'un style admirable; on sait ce que peut faire en ce genre M. Séchan, qui envoie au sultan Abdul-Medjid des Versailles tout faits emballés dans des caisses. Au plafond d'une de ces salles, éblouissantes de dorures, nous avons remarqué quatre grands panneaux représentant les quatre parties du monde, peintes par M. Laemlein, l'auteur de la *Vision d'Ézéchiel*, avec une fierté et une tournure à la Michel-Ange.

A côté de cette salle est le théâtre, tout doré, tout

étincelant de lumières que répercutent des glaces de Venise aux riches bordures, tout azuré et tout fleuri par les ciels, les amours et les bouquets de Voillemot, dont jamais la palette ne fut plus fraîche.

C'est dans cette délicieuse bonbonnière que se joue, devant un parterre où les princes et les grands-ducs ne dédaignent pas de s'asseoir, la jolie petite pièce de M. Achard.

La comédie de M. Amédée Achard ne prend pas, comme on dit aujourd'hui, la société corps à corps ; elle ne s'attaque à aucun préjugé et ne déracine aucun abus ; sa seule prétention est d'être amusante et spirituelle, et, disons-le, elle y réussit. C'est une histoire qui se passe pendant les plus folles et les plus riantes années du règne de Louis XV. Elle est en poudre, habillée de soie et porte l'épée ; mais, grâce au ciel, on n'y voit aucun personnage historique. Pour la mener jusqu'au bout, il suffit de quatre personnages : le marquis d'O, le vicomte de Morsan, la marquise d'O et Geneviève.

Ce marquis d'O est un terrible homme : sa réputation va du boudoir le plus élégant à la boutique la plus simple ; il parlait comme le duc de Richelieu, il agissait comme le duc de Lauzun ; le mariage ne fut pour lui qu'une trêve bien courte entre deux campagnes nouvelles. Mais voilà qu'au milieu de ses prouesses les plus galantes, arrive de la province un jeune gentilhomme prompt à l'attaque, rempli d'ardeur, âpre au combat, amoureux de la lutte et qui, plein de haine contre le marquis qu'il n'a jamais vu et dont la réputation l'offusque, met du premier coup le siége devant la boutique de Geneviève et devant le boudoir de la marquise : tel un général d'armée attaque à la fois une bicoque et une citadelle.

La bataille engagée, il se trouve que la mercière résiste comme la marquise; tendres soupirs, œillades enflammées, les protestations les plus chaudes, les ruses les plus habiles, les rouériés les plus galantes, rien n'y peut. Cependant le péril subsiste, et l'on ne sait pas comment l'aventure finirait si le mari n'arrivait inopinément de l'armée. Il n'a rien vu, il ne sait rien, une minute lui fait tout comprendre. Le hasard, à vrai dire, l'y aide un peu, l'étourderie du vicomte aussi; et le marquis, placé entre la mercière du *Cocon d'or* qu'il a courtisée et sa femme qu'il veut défendre, accepte gaiement la situation. Réputation oblige comme noblesse.

On combat à armes courtoises; l'esprit, l'amour et la

galanterie font tous les frais de la guerre; l'épée s'en mêle aussi. Le marquis d'O fait face à tout, il déjoue les embûches, il évite un piége, il pare une attaque et se défend si bien, qu'il sort de la lutte l'amour-propre et le cœur sains et saufs. La mercière est sauvée et la marquise n'a plus rien à craindre.

Cette petite comédie, pleine de mouvement et de surprises, a été jouée avec un remarquable talent par M. Bressant et mademoiselle Fix, M. et madame Lagrange. Bressant a eu toute l'ironie et la hauteur que comportait le rôle du marquis d'O : on sait avec quelle allure fière, quelle parfaite aisance il porte l'épée et l'habit brodé. L'accueil qu'il a reçu a pu lui faire croire qu'il était encore à la Comédie-Française. Mademoiselle Fix, chargée du rôle coquet de Geneviève, a mis dans cette création toute la grâce et l'esprit de son talent si vif et si fin. M. et madame Lagrange qui interprétaient les rôles du vicomte de Morsan et de la marquise d'O, ont complété cet ensemble par les qualités charmantes qu'on leur connait : beaucoup d'entrain, de verve et de chaleur chez M. Lagrange; une rare élégance, la plus aimable distinction, la plus touchante sensibilité chez madame Lagrange.

Voilà certes une journée bien remplie, et l'on mérite

de dormir paisiblement après de tels exercices, surtout lorsqu'on a passé la nuit précédente en wagon ; mais nous avions compté sans la fête de saint Bernard, le patron de la ville, un saint tout local, Bernard II, margrave de Bade, canonisé par le pape Sixte IV. Dès l'aurore, les cloches en branle sonnaient à toute volée; des décharges d'artillerie et des boîtes ébranlaient l'air; des musiques de cuivre parcouraient les rues, « sonnant des tintamarres, » en sorte que, sans attendre les illuminations du soir et l'éclairage aux feux de Bengale du vieux château, nous nous jetâmes dans un train du chemin de fer pour achever notre somme interrompu à Paris. Aucun dandy ne pourra nous regarder à présent d'un air dédaigneux : nous revenons de Baden.

VENISE

Je me trouvais à Venise au mois de septembre 185.. Quelle raison avais-je d'y être? Aucune, si ce n'est que cette nostalgie de l'étranger, si connue des voyageurs, s'était emparée de moi, un soir, sur le perron de Tortoni. Quand cette maladie vous prend, vos amis vous ennuient, vos maîtresses vous assomment, toutes les femmes, même celles des autres, vous déplaisent : Cerrito boite, Alboni détonne; vous ne pouvez lire de suite deux stances d'Alfred de Musset; Mérimée vous paraît plein de longueurs; vous vous apercevez qu'il y a des antithèses dans Victor Hugo et des fautes de dessin dans Eugène Delacroix; bref, vous êtes indécrottable. Pour dissiper ce spleen particulier, la seule recette est un passe-port pour l'Espagne, l'Italie, l'Afrique, ou l'Orient. Voilà pourquoi j'étais à Venise au mois de septembre 185.. J'y traitais ma grise mélancolie par de fortes doses d'azur.

La plus singulière ville du monde, à coup sûr, c'est Venise, cet Amsterdam de l'Italie. On l'a décrite mille fois, elle est toujours aussi nouvelle. Qui a vu Vienne peut se faire une idée de Padoue; Rome ressemble à Florence, Paris à Londres; Venise ne ressemble qu'à elle-même. Ce n'est ni une ville gothique ni une ville romaine : c'est quelque chose qu'on ne saurait définir. Cette architecture étrange et fantastique n'a rien de commun avec celle que vous connaissez. Ces belvédères sur le sommet des toits, ces cheminées en forme de colonnes et de tours; ces grands palais de marbre aux fenêtres en arcade, aux murs bariolés de fresques et de mosaïques, aux frontons hérissés de statues; ces églises avec leurs clochers de formes si variées, dômes, coupoles, flèches, aiguilles, tourelles, campaniles; ces ponts aux arches sveltes et hardies tout chargés de sculptures; ces piazzas pavées en marqueterie; ces canaux qui se croisent en tout sens, doublant dans leur clair miroir les maisons qui les bordent; ces tentes de toile rayée où se tiennent les marchands; ces poteaux armoriés qui servent à amarrer les barques des nobles; ces escaliers dont la mer baigne les dernières marches ; ces embarcations de toutes grandeurs, yachts, felouques, chebecs et gondoles, qui filent silencieusement sur l'eau endormie des lagunes ; ces costumes grecs, turcs, arméniens, que le commerce du Levant y attire ; tout cela, en face de l'Adriatique, sous le ciel de Paul Véronèse, forme un spectacle extraordinaire et magnifique que l'on ne peut rendre avec des paroles et qu'on peut seulement imaginer. Canaletti et Bonnington, Daguerre et son diorama, tout admirables qu'ils sont, restent encore bien au-dessous de la réalité.

Qu'y a-t-il de plus beau au monde que l'aspect de la piazza di San-Marco, quand on vient du côté de la mer ?

A gauche, le palazzo Ducale avec sa façade de marbres rouges et blancs disposés en petits carreaux, sa ceinture de colonnettes, ses trèfles et ses ogives, ses gros piliers trapus dont le fût plonge dans le sol, sa frise crénelée, ses huit portes, son toit de cuivre, ses figures symboliques de Bartolomeo Bono, ses lions ailés, la griffe sur leur livre, son pont des Soupirs, son luxe lourd et sombre, qui le fait à la fois ressembler à une forteresse et à une prison.

A droite, la bibliothèque publique du dessin de Sansovino, avec son double cordon de colonnes et d'arcades, sa balustrade à jour, sa ligne de statues mythologiques, ses enfants nus, soutenant, au-dessus de la corniche, des feuillages et des festons.

Au milieu, les deux colonnes de granit africain d'une grosseur et d'une hauteur prodigieuses, qui servent de piédestaux, l'une à une statue de saint Théodore, l'autre à un lion ailé de bronze, la tête tournée vers la mer comme pour dénoter qu'il veille à son empire. C'est entre ces deux colonnes qu'ont lieu les exécutions, qui se faisaient autrefois sur la piazza di San-Giovanni-in-Bragola. Le doge Marino Faliero, battu par la tempête, fut forcé de prendre terre en cet endroit le jour de son installation, et cela fut généralement regardé comme de mauvais augure. On sait ce qui en arriva.

Au fond, la chiesa ducale di San-Marco, le plus étonnant édifice qui se puisse voir. Ce n'est pas une cathédrale gothique, ce n'est point une mosquée turque, encore moins une métropole grecque, et cependant c'est tout cela. Ses aiguilles et ses pignons, évidés à jour, sont gothiques ; ses trois coupoles de plomb, qu'on prendrait pour des casques, rappellent les mosquées orientales ; on est tout surpris d'y voir une croix. Ce grand dôme est antique, ce plein ceintre est roman ; cette tribune qui fait le tour de l'édifice, ces quatre colonnes qui portent sur une seule, ces cinq arches brodées et fleuronnées sont byzantines ou moresques. C'est un incroyable mélange de pierres, de marbres, de porphyres, de briques, de granits, de mosaïques et de fresques, de dorures et de statues, d'arabesques folles et hardies, de piliers ventrus et de colonnes frêles, qui n'a pas d'exemple au monde et qui n'en saurait avoir. Il faudrait un volume pour décrire l'intérieur; on dirait une caverne fouillée dans le roc vif avec des stalactites d'or et de pierreries. Les quatre fameux chevaux de bronze caracolent sur le portail.

La torre dell'Orologio, bâtie en 1496, sur les dessins de Carlo Rinaldi, avec son cadran, qui, outre les heures, marque les mouvements de la lune et du soleil, avec sa madone dorée, ses anges en adoration, son lion sur champ d'azur étoilé, son doge à genoux, sa cloche où deux jacquemars, représentant des Mores, frappent l'heure de leur marteau au grand réjouissement de la multitude.

Les trois grands étendards, supportés par des piédestaux de bronze d'un travail exquis, d'Alessandro Leopardi, auxquels, les jours de fête, on append trois flammes de soie et d'or qui se déroulent gracieusement à la brise de la mer.

Le Campanile, tour d'une élévation prodigieuse, à qui tous les clochers de Venise ne vont qu'à la cheville, et qui est plus haute que la tour de Bologne et d'Argentine. L'ange de cuivre creux qui lui sert de girouette à quatorze pieds de haut. On y monte par une rampe douce et sans escalier. Un immense panorama se déploie à vos yeux; un ciel clair et profond vous environne, l'horizon s'étend sans fin devant vos pieds; des côtes plates et des vases d'une teinte cendrée, la mer bleue et transparente forment les bords du cercle; des toits de toutes les couleurs, de toutes les formes, chatoient au soleil dans le fond du gouffre. Le palazzo Ducale, la Zuecca, les Procuratorie, la chiesa di San-Marco se détachent de ces îlots de maisons; le clocher de San-Moise, l'aiguille rouge de San-Francisco della Vigna, les tourelles de San-Jona semblent se hausser pour vous atteindre. Plus loin, la Dogana avance sa pointe; San-Giorgo, toute fière de son église de Palladio, de son dôme et de sa tour, se découpe, riante et verte, dans un archipel de petites îles. Vous voyez les praines, les polacres, les brigantins qui font quarantaine à San-Servolo, ou qui voguent à pleines voiles sur le grand bassin; les canaux intérieurs, dont vous ne pouvez apercevoir l'eau, coupent de sillons profonds les masses d'architecture groupées au pied du Campanile. Du reste, ce tableau est muet; cette rumeur sourde, ce vagissement d'une grande ville, qu'on entend des tours de Notre-Dame ou du dôme de Saint-Paul, ne frappent pas votre oreille : aucun bruit ne se fait entendre; Venise, en plein jour, est plus silencieuse que les autres capitales dans la nuit. Cela tient à l'absence des chevaux et des voitures. Un cheval est un phénomène à Venise. Aussi, Byron et ses chevaux, qu'il domptait au Lido, étaient-ils pour les Vénitiens un grand sujet d'étonnement.

Mais voici le revers de la médaille. Venise est une ville admirable comme musée et comme panorama, et non autrement. Il faut la voir à vol d'oiseau. L'humidité y est extrême; une odeur fade, dans les chaudes journées d'été, s'élève des lagunes et des vases; tout y est d'une malpropreté infecte. Ces beaux palais de marbre et d'or, que nous venons de décrire, sont salis par le bas d'une étrange manière; l'antique Bucentaure lui-même, que les Français ont brûlé pour en avoir la dorure, n'était pas, s'il en faut croire les historiens, plus à l'abri de ces dégoûtantes profanations que les autres édifices publics, malgré les croix et les rispetto dont ils sont couverts. A ces palais s'accrochent comme un pauvre au manteau d'un riche, d'Ignobles masures moisies et lézardées qui penchent les unes vers les autres, et qui, lasses d'être debout, s'épaulent familièrement aux flancs de granit de leurs voisines. Les rues (car il y a des rues à Venise, bien qu'on n'ait pas l'air de le croire) sont étroites et sombres, avec un dallage qui n'a jamais été refait. Des vieux linges et des matelas sèchent aux fenêtres; quelque figure hâve et fiévreuse se penche pour vous regarder passer. Nul métier bruyant, nulle animation; quelque rare piéton glisse silencieusement sur les dalles polies. Hors saint Marc, tout est mort; c'est le cadavre d'une ville et rien de plus, et je ne sais pas pourquoi les faiseurs de libretti et de barcarolles s'obstinent à nous parler de Venise comme d'une ville joyeuse et folle. La chaste épouse de la mer est bien la ville la plus ennuyeuse du monde, ses tableaux et ses palais une fois vus.

Les gondoles, dont ils font tant de belles descriptions, sont des espèces de fiacres d'eau qui ne valent guère mieux que ceux de terre.

C'est un cercueil flottant, peint en noir, avec une dunette formée au milieu, un morceau de fer hérissé de cinq à six pointes à la proue et qui ne ressemble pas mal aux chevilles d'un manche de violon. Un seul homme fait marcher cette embarcation avec une rame unique qui lui sert en même temps de gouvernail. Quoique l'extérieur n'en soit pas gai, il se passe quelquefois à l'intérieur des scènes aussi réjouissantes que dans les voitures de deuil après un enterrement.

Les gondoliers sont des marins butors qui mangent des lazagnes et du macaroni, et ne chantent pas du tout de barcarolles.

Quant aux sérénades sous les balcons, aux fêtes sur l'eau, aux bals masqués, aux imbroglios d'opéra-comique, aux maris et aux tuteurs jaloux, aux duels, aux escalades, aux échelles de soie, aux grandes passions à grands coups de poignard, — cela n'existe pas plus là qu'ailleurs.

Voici la manière dont vivent les habitants, j'entends ceux qui ont les moyens de vivre; elle est la plus monotone de la terre. Ils se lèvent à midi, promènent leur désœuvrement par la ville jusqu'à trois heures, dînent fort sobrement, font la sieste, s'habillent et vont au casino jusqu'à neuf heures; puis à l'Opéra, où personne n'écoute, attendu que les Italiens sont le peuple le plus musicien de l'Europe; puis au casino, où ils prennent des glaces, assis tranquillement devant de petites tables, parqués chacun dans leur café respectif : les nobles avec les nobles, les courtiers avec les courtiers, les juifs avec les juifs, les *retirate* (femmes sur le retour) avec les *retirate*, les fringantes (femmes à la mode) avec les fringantes, ainsi de suite; car, à Venise, les classes ne se confondent pas. Tout ce monde attend le jour pour rentrer chez soi et se coucher. Les Italiens n'ont pas le sentiment du foyer; ils ne comprennent pas le bonheur de la maison; ils vivent entièrement dehors.

Les anciens nobles végètent obscurément dans quelque coin de leur palais, sous les combles, mangeant du macaroni au fromage avec leurs valets, à demi vêtus de guenilles pour ménager leurs habits neufs, ne lisant pas, ne s'occupant de rien. Chaque femme, comme dans tout le reste de l'Italie, a son *cicisbeo* ou *patito* qui l'accompagne à la messe, à l'Opéra, au casino; cela au vu et au su de son mari, qui ne s'en inquiète pas le moins du monde, et sert souvent de médiateur dans les querelles qui surviennent entre eux. Parlez-nous après cela de la jalousie italienne! Lire, écrire tant bien que mal, faire un peu de musique, voilà à quoi se réduit l'éducation des femmes. Peu vives et peu spirituelles, elles n'ont aucune ressource pour la conversation. Le sigisbéisme n'est pas aussi immoral au fond qu'il le paraît d'abord : c'est une espèce de mariage de cœur auquel elles sont ordinairement plus fidèles qu'au premier; il est bien rare qu'on se quitte : quand il n'y a plus d'amour, l'amitié le remplace; quand il n'y a plus d'amitié, l'habitude en tient lieu. On ne saurait rien voir de moins romanesque et de plus bourgeois.

Quant à la beauté des femmes italiennes, dont nos jeunes modernes se sont enthousiasmés sur la foi de Byron, elle n'a rien de bien extraordinaire. Malgré la dénomination générale de beau sexe, en Italie comme ailleurs, les laides sont en majorité : de grandes têtes droites, un peu trop fortes pour le corps, et tout à fait classiques, un coloris mat et sans transparence, la gorge mal faite et la taille épaisse ; ce qu'elles ont de plus beau, ce sont les mains et les épaules. Quoi qu'en dise le noble poëte, qui probablement avait ses raisons pour cela, les Anglaises l'emportent sur elles de toutes les manières.

Je ne comprends guère non plus l'admiration de nos gothiques pour cette ville. Il y a très-peu d'ogives; à l'exception du palais Ducal et de Saint-Marc, toutes les fabriques sont de cette architecture que l'on ne se fait pas faute ici d'appeler *rococote* et perruque. L'ionique y abonde, le corinthien y est en grand honneur; le dorique n'y est pas mal vu; le toscan et le composite se carrent sur toutes les façades, et quelquefois tous ensemble sur la même. Les églises sont inondées de jour, enjolivées de marbre de couleur, enluminées de fresques, l'or y brille de toutes parts ; c'est un luxe mondain, une coquetterie profane, toute différente de la majestueuse gravité des cathédrales du moyen âge. Enlevez l'autel, cela aura l'air d'un salon, d'une galerie de tableaux. Ces anges seront des Amours, cette Vierge une Vénus, ces saintes des Grâces. La piété des Italiens est toute de surface. Une madone mal peinte aura peu d'adorateurs ; les saints vieux et barbus ne font pas fortune auprès des femmes. Le *Saint Michel* du Guide, à Rome, est célèbre par les passions qu'il a inspirées. La plus petite église de Venise est riche en tableaux de grands maîtres. Paul Véronèse, Tintoret, Titien, le vieux Palme, le Fiamingo, le cavalier Liberi, Allessandro Tarchi, Aliense, Malombra, Giovanni Bellino, Diamantini, Giambatista da Conegliano, ont tous, plus ou moins, contribué à embellir de leur pinceau les dômes, les stanze, les scuole, les cloîtres, les palais et les chapelles. Les sculpteurs ne sont pas non plus restés en arrière. Andréa Riccio de Padoue, Sansovino, Alessandro Vittoria, Bartolomeo Bono, Danèse, Nicolo dei Conti, et cent autres, ont couvert de statues et de bas-reliefs tous les monuments publics.

Il y a à Venise cinq cents ponts : celui de Rialto, d'une seule arche toute de marbre, avec deux rangs de boutiques, et des bas-reliefs représentant des sujets religieux, par Girolamo Campagna, est un des plus connus ; beaucoup d'autres ne lui sont pas inférieurs en hardiesse, en élégance.

Parmi ses trois cents églises, il y en a une foule dont on ne parle pas, et qui méritent cependant qu'on en fasse mention : — La Madonna-dei-Miracoli, dont la façade est ornée de porphyre et de serpentine, et où l'on voit l'image de Notre-Dame, sculptée par le célèbre Pergolèse. — San-Giacomo-di-Rialto, une des plus anciennes de Venise : il y a cinq autels ; sur le plus grand, fait de marbre blanc, est placée une statue de saint Jacques, par Alessandro Vittoria ; l'autel de saint Antoine est embelli de colonnes de marbre de couleur, et l'image du saint en bronze est de Girolamo Campagna. — San Rocco : la statue du saint est de Bartolomeo Bergamano ; deux autres, de saint Sébastien et saint Pantaléon, de Mosca. Le tableau d'autel représentant l'Annonciation a été peint par Francesco Solimeno, de Naples. Les autres peintures sont de Pordenone, du Tintoret, de Titien, de Vivarini et d'Antonio Firmiani.

— San-Geminiano : la Maddalena, Santa-Maria-Zobenigo sont dignes d'attirer l'attention de l'artiste et du voyageur. San-Giovanni-et-Paolo, près la scuola di San-Marco, possède quinze autels ; le principal est un des plus beaux et des plus majestueux de la ville ; il est fait de marbre fin, avec un tabernacle élevé sous un arc, porté par dix grandes colonnes, et deux anges sur les côtés, qui ont chacun dans la main une cassette dorée contenant les reliques de saint Jean et de saint Paul. La chapelle de Notre-Dame-du-Rosaire vaut qu'on y fasse attention. L'autel est isolé, avec une coupole soutenue par quatre colonnes de marbre précieux ; la statue de la Vierge est d'Alessandro Vittoria ; quelques autres, de Girolamo Campagna. Les bronzes de la chapelle de saint Dominique ont été fondus par Mazza, de Bologne. Il faudrait une page rien que pour écrire les noms des artistes célèbres dont on y admire les ouvrages, et des personnages illustres dont les mausolées et les épitaphes couvrent les murs et le pavé.

Le palazzo Ducale, les scuole, les palais Grimani, Pisani, Rezzonico et Grani renferment, en tableaux et en statues, d'innombrables richesses. Nous ne parlerons pas de l'escalier des Géants, avec ses deux colosses de Sansovino ; des statues d'Adam et Ève, d'Andréa Riccio ; des deux puits de bronze ornés d'arabesques et de figures, par Niccolo dei Conti, et de toutes les merveilles du Cortile, ni de la gueule de lion, qui, dépouillée maintenant de ses terreurs mystérieuses, ressemble à s'y tromper à une boîte aux lettres, ni du conseil des Dix, ni des seigneurs de la nuit, ni de tout cet attirail de francs-juges et d'inquisiteurs dont la République sérénissime aimait à s'entourer; d'ailleurs, la domination autrichienne a remplacé tout cela, et, maintenant, c'est un officier allemand, *un tedesco*, qui épouse la mer. Et pourtant rien n'est changé à Venise ; car, c'est une chose digne de remarque, en Italie, on n'a rien bâti depuis trois cents ans ; la ville a conservé sa physionomie du XV® siècle ; pas une construction nouvelle ne vient faire dissonance. Ce luxe des habitations fait un singulier contraste avec la misère des habitants. Ce sont des résidences royales occupées par des gueux. C'est comme si une famille ruinée était forcée, faute de se pouvoir loger ailleurs, de garder la maison de ses pères jadis riches, et de courir en guenilles et nu-pieds par les beaux appartements dorés et couverts de tableaux. Le confort est ce qui manque absolument à Venise, ville bâtie dans un autre temps, pour d'autres mœurs et d'autres usages. Les mœurs et les usages s'en sont allés ; la ville reste ;

et ceux qui y sont n'ont pas de quoi la refaire. Venise, maintenant, n'est plus qu'une admirable décoration, un beau sujet de diorama; tout y est sacrifié à l'extérieur.

Artistes! pendant qu'elle est encore debout, — et, dans quelque temps d'ici, ce ne sera plus qu'une ruine immense au milieu d'un marais méphitique, praticable tout au plus pour les poissons, — allez, copiez toutes ces façades, dessinez ces statues, faites des croquis d'après ces tableaux; puis, quand votre mémoire sera pleine, et votre album couvert d'un bout à l'autre, si vous voulez garder votre illusion, suivez mon avis, partez vite, et ne revenez plus, et vous croirez avoir fait un beau rêve!

FLORENCE

L'Armide de l'Adriatique nous avait retenu dans ses canaux enchantés au delà du terme de nos prévisions, et, quoique aucun chevalier Ubalde ne fût venu nous faire rougir de notre paresse en découvrant à nos yeux le magique bouclier de diamant, il nous avait fallu partir enfin, et, après un court séjour à Padoue, dont la tristesse nous parut plus morne au sortir de la ville féerique de Canaletto, nous diriger aussi directement que possible vers Florence, l'Athènes de l'Italie.

Nous regrettâmes beaucoup de ne pouvoir, en passant à Bologne, visiter l'église de la Madonna de San-Luca, édifice singulier, situé sur une montagne appelée la Guardia, et auquel conduit un corridor formé, d'un côté, par un mur long de trois milles, et, de l'autre, par six cent quatre-vingt-dix arcades encadrant un merveilleux paysage. Cet immense portique, élevé par la piété des Bolonais, escalade les flancs de la montagne en cinq cents quatorze marches, et conduit, des portes de la ville au sanctuaire, les curieux et les dévots ; mais, en voyage comme en tout, il faut savoir faire des sacrifices ; si l'on veut arriver, il faut choisir une ligne et la suivre, tout en jetant un regard de regret sur ce qui vous échappe. Vouloir tout voir, c'est le moyen de ne rien voir. — C'est assez de voir quelque chose.

La route de Bologne à Florence passe par l'Apennin, cette épine dorsale de l'Italie ; — épine dorsale, en effet, dont chaque monticule décharné est une vertèbre. — Même sur le voyageur le plus habitué aux désappointements, il est certains noms qui exercent une influence magique, l'Apennin est de ceux-là : on l'a vu dans Horace et les auteurs anciens, que les études classiques mêlent à nos premières impressions, et il est difficile de n'avoir pas dans l'idée un Apennin tout fait, que la vue du véritable contrarie et déforme singulièrement.

La chaîne apennine se compose d'une suite de mamelons arides, effrités, excoriés à vif, de tertres rugueux, de collines galeuses qui ressemblent à des tas de pierrailles et de gravats ; point de ces rochers gigantesques, de ces cimes ardues veloutées de pins, de ces pics baignés de nuages, argentés de neiges, de ces glaciers aux mille cristaux scintillants, de ces cascades où joue l'écharpe de l'arc-en-ciel, de ces lacs bleus comme la turquoise où le chamois vient boire, de ces grands cercles d'aigles planant dans la lumière ; — rien qu'une nature pauvre, morne et stérile, et qui paraît plus mesquine encore après les majestés olympiennes des Alpes suisses et les romantiques horreurs de la vallée de Gondo, d'un pittoresque si grandiose et si terrible.

Certes, la manie des comparaisons est un travers d'esprit, et il est injuste de demander à un endroit d'en être un autre ; mais nous ne pouvions nous empêcher, du haut de notre banquette d'impériale, contre laquelle nous avions eu l'imprudence d'échanger notre coin de coupé pour pouvoir examiner le pays plus à l'aise, de penser à ces belles sierras espagnoles, dont personne ne parle et dont la beauté ignorée est bien au-dessus des sites italiens, trop vantés peut-être ; nous nous souvenions d'un trajet de Grenade à Velez-Malaga à travers la montagne par un sentier perdu où il ne passe peut-être pas deux voyageurs par an et qui dépasse tout ce qui se peut imaginer comme accident de forme, de lumière et de couleur.

Nous songions aussi à notre excursion en Kabylie, à ces montagnes dorées par le soleil d'Afrique, à ces vallées pleines de lauriers-roses, de mimosas, d'arbousiers, de lentisques où filtraient des ruisseaux habités par de petites tortues, à ces villages kabyles entourés de palissades de cactus et à ces horizons d'une dentelure si variée que dominait toujours l'imposante silhouette du Djurdjura, et véritablement l'Apennin nous paraissait médiocre, malgré sa réputation classique.

Nous ne voudrions pas nous adonner à ce fameux paradoxe marseillais qui consiste à dire : « On gèle en Afrique, on brûle en Russie. » Pourtant, nous devons avouer que nous grelottions de froid à notre poste aérien, malgré une superposition de paletots et de cabans à faire envie à Méry, le frileux poète. Jamais à Paris, pendant l'hiver le plus rigoureux, nous ne nous sommes revêtu simultanément d'une pareille quantité de hardes, et cependant nous n'étions qu'à la mi-septembre, une saison qu'on a l'habitude de croire tiède et charmante sous le doux ciel de la Toscane : il est vrai que l'élévation du terrain rafraîchit l'air, et que le froid des pays chauds est particulièrement désagréable par la soudaineté du contraste.

Ce n'est pas dans le but d'élever un monument à notre onglée et à notre claquement de dents que nous consignons ici cette remarque. Il importe peu à l'univers que nous ayons eu chaud ou froid sur l'impériale d'une diligence; mais cette observation pourra empêcher quelque Parisien naïf et confiant de partir de Tortoni pour Florence au mois d'août, en pantalon de nankin et en veste de chasse de coutil, et lui faire joindre à son bagage un plaid-tartan, un paletot de drap-pilote et un cache-nez; nous préviendrons ainsi quelques rhumes de cerveau et de poitrine. La description de nos souffrances n'est donc pas personnelle; elle est toute philantropique.

La violence du vent est d'une telle force sur ces montagnes découronnées et pelées, qui reçoivent alternativement les souffles des brises refroidies sur la Méditerranée et l'Adriatique, que le grand-duc a fait, au point culminant de la route, élever un mur de pierre pour protéger les voyageurs contre ces rafales glacées qui les transiraient et les renverseraient. — Ceux qui ont vu le mistral à l'ouvrage sur la plate-forme du château des papes d'Avignon comprendront l'utilité d'une semblable muraille. Une inscription en style hospitalier constate cette attention bienveillante de Léopold, attention dont nous le remercions du fond du cœur.

A cet endroit, l'on sort de la Romagne pour entrer dans la Toscane; autre visite de douane : un inconvénient de ces États morcelés en petites principautés. On passe sa vie à ouvrir et à fermer sa malle, occupation monotone, qui finit par rendre furieux les plus flegmatiques. Heureusement, nous nous sommes fait là-dessus un système de philosophie que nous avons déjà développé à propos de la douane romagnole. Nous jetons notre clef à qui veut la prendre, ou nous la laissons dans la serrure, et nous allons paisiblement contempler le paysage, facilité que ne laisse pas toujours l'implacable diligence. A ce point de vue, il est peut-être à regretter qu'il n'y ait pas plus de douanes.

Quoique la route n'atteigne jamais aux escarpements abruptes et aux impossibles montagnes russes de Salinas et de la Descarga en Espagne, les côtes souvent sont assez roides pour nécessiter l'aide des bœufs. — Nous voyons toujours arriver avec plaisir le pesant attelage à la tête baissée sous le joug, au muflle humide, au grand œil paisible, aux jambes puissamment déjetées; d'abord, il est pittoresque en lui-même, il amène toujours avec lui un bouvier rustique et sauvage, et souvent d'une grande tournure, aux cheveux incultes, au chapeau pointu, à la veste brune, à l'aiguillon porté comme un sceptre antique; ensuite, il y a une autre raison.

Nous demandions un jour à Cabat, le grand maître de notre jeune et merveilleuse école de paysage, comment, dans ses excursions, il se déterminait sur le choix du site qu'il voulait peindre.

— Je vais au hasard, nous répondit-il, jusqu'à ce que j'entende chanter les grenouilles. Où il y a des grenouilles, le site est toujours joli; les grenouilles, cela veut dire un étang, de l'herbe fraîche, des roseaux verts, des oseraies et des saules.

Nos grenouilles, à nous, sont les bœufs. Leur apparition signifie une âpre cime, un plateau élevé, d'où l'on découvre inopinément une vue immense; un panorama azuré de plaines, de montagnes, de vallées; un horizon semé de villes et de villas, moiré d'ombre et de lumière. — Nos bœufs ne nous trompent pas plus que les grenouilles ne trompent Cabat.

Lorsque les pentes de l'Apennin commencent à s'incliner vers Florence, les sites gagnent quelque beauté. Les coteaux herpétiques et verruqueux disparaissent ou se revêtent de végétation.

Les villes commencent à se montrer sur le bord de la route, les cyprès dressent leur flèche noire, les pins d'Italie arrondissent leur vert parasol ; un souffle plus caressant et plus tiède vous permet d'entr'ouvrir votre manteau ; l'olivier risque à l'air, sans frissonner, son triste et glauque feuillage ; on sent un mouvement de piétons, de chevaux et de voitures, l'approche d'une grande ville vivante, chose rare en Italie, cet ossuaire de villes mortes.

La nuit était tombée lorsque nous arrivâmes à la porte San-Gallo. Un déjeuner assez mesquin, quoique arrosé de vin passable contenu dans de grandes flasques de verre blanc natées de sparterie, avalé à la frontière de Toscane, nous faisait désirer vivement, malgré notre sobriété ordinaire, un *Aigle noir*, un *Lion rouge*, un *Soleil d'or*, ou une *Croix de Malte* quelconque pour vaquer, comme dit Rabelais, « à cette réparation de dessous le nez » qui inquiétait tant ce bon Panurge. Nos yeux avaient fait leurs quatre repas bons ou mauvais ; mais notre estomac n'en avait fait qu'un, et bien maigre encore !

Florence a son corset noué d'une ceinture de fortifications, et fait la difficile quand on vient frapper à sa porte le soir. — Il nous fallut attendre une grande heure devant la porte, pour nous ne savons quelles minutieuses formalités de police ; puis enfin on leva la barrière de bois, espèce de herse pacifique qui barre l'arcade, et la voiture put rouler sur le pavé cyclopéen de Florence. — Nous disons cyclopéen parce que, comme les murs qui portent ce nom, il est composé de pierres de figures inégales, s'agençant par les angles, ainsi que des morceaux de casse-tête chinois.

Pour une ville de fête et de plaisir, dont le nom jette un parfum comme un bouquet, Florence nous fit une étrange réception, et qui eût pu faire reculer un plus superstitieux par son apparence de mauvais présage.

Dans la première rue par laquelle déboucha la diligence, nous rencontrâmes une apparition aussi effrayante que celle de la charrette des Cortès de la mort faite par l'ingénieux chevalier de la Manche aux environs du Toboso ; seulement, ici, il ne s'agissait pas des décorations d'un auto-sacramental, mais d'une affreuse réalité.

Deux files de spectres noirs masqués, portant des torches de résine d'où s'échappaient des flots de lumière rougeâtre mêlée de fumée épaisse, marchaient ou plutôt couraient devant et derrière un catafalque porté à bras, et qu'on distinguait vaguement dans le brouillard fauve du funèbre luminaire; l'un d'eux faisait tinter une clochette, et tous grommelaient, à *bocca chiusa*, sous la barbe de leur masque, les prières des morts, sur un rhythme étouffé et haletant. Quelquefois, un autre spectre noir sortait d'une maison, et se joignait en hâte au sombre troupeau, qui disparut bientôt au tournant du carrefour. C'était une confrérie de pénitents noirs qui, suivant l'usage, escortaient un enterrement.

Cette lugubre vision nous remet en mémoire les vers de Brizeux, le poète de *Marie* et des *Bretons*, le Celte naturalisé à Florence, qui nous prouve qu'il avait été frappé comme nous de ce spectacle inattendu et avait éprouvé une impression pareille à la nôtre. Nous les transcrivons ici comme complément de notre croquis nocturne.

> A coups redoublés, le bargello sonne,
> Mon pâle voisin quitte le café.
> Toujours plus bruyant le tocsin résonne.
> Un autre s'en va... Qu'est il arrivé?

> — Seigneur, nous logeons dans la même aubor .
> Quels sont ces gens noirs couverts jusqu'aux y x?
> Pour porter des morts et tenir un cierge,
> Leurs doigts sont bien blancs! Je suis curieux.

— Seigneur étranger, nul ne peut connaître
Ces hommes voilés pour faire le bien ;
C'est un ouvrier, le grand-duc peut-être.
Sous cet habit noir, chacun est chrétien !

Les peuples du Midi, quoique pensant beaucoup moins à la mort que les peuples septentrionaux, parce qu'ils en sont incessamment distraits par la volupté du climat, le spectacle d'une belle nature, la fougue d'un sang plus chaud et des passions plus vives, aiment ces processions de fantômes en domino ; car on les retrouve dans toute l'Italie. Ils sentent le besoin de donner à tout une forme plastique et d'agir sur l'imagination par le spectacle. Il n'y a pas longtemps que les morts étaient portés à visage découvert ; l'aspect de ces cadavres immobiles et livides sous le fard dont on les peignait pour dissimuler la grimace figée de l'agonie et le travail commençant de la décomposition, devait encore ajouter à l'effet sinistre et fantastique de ces enterrements. Maintenant, il n'y a plus que les moines que l'on expose de la sorte avec leur froc pour linceul.

Chose bizarre ! en Angleterre, le pays des nuits d'Young, le pays où les fossoyeurs de Shakspeare jouent à la boule sur le théâtre avec le crâne d'Yorick, dans la terre natale du spleen et du suicide, on enlève les morts subrepticement, presque en cachette, dans des espèces de tapissières noires, à des heures où les rues sont désertes et par des chemins détournés ; en quatre ou cinq voyages à Londres, nous n'avons pas rencontré un seul enterrement. On y tombe de la vie dans le néant sans transition, et vos restes inutiles sont escamotés et dissimulés avec la plus grande prestesse. Le catholicisme entend la mise en scène de la mort d'une façon supérieure, et la forte croyance à l'immortalité de l'âme diminue l'effroi de ces cérémonies funèbres.

On nous avait indiqué l'hôtel de *New-York*, lungo à l'Arno, près du pont alla Caraïa, comme suffisamment confortable. — En effet, nous trouvâmes une vaste maison tenue à peu près à l'anglaise, où l'on mangeait d'une façon civilisée, chose qui ne nous était pas arrivée depuis longtemps. Les voyageurs des autres nations ne sont pas assez reconnaissants envers les Anglais, ces grands éducateurs d'aubergistes, ces braves insulaires qui transportent partout leur patrie avec eux, dans des boîtes à compartiments, et qui, vivant aux contrées les plus extravagantes comme dans la Cité ou le West-End, ont, à force de guinées, de cris bizarres et de gloussements opiniâtres, établi par toute la terre le *rumpsteak*, les côtelettes de saumon, les légumes à l'eau, le karis à l'indienne, et les petites pharmacies de condiments au vitriol, le poivre rose de Guyenne, le piment rouge des Indes, l'harvey et l'anchoc-sauce, et les bourgeons de palmier confits au vinaigre. — Grâce à eux, il n'est pas d'île déserte dans l'archipel le plus inconnu de l'Océanie où l'on ne trouve, à toute heure du jour et de la nuit, du thé, des sandwichs et du brand-wine, comme aux tavernes qui longent Greenwich.

Le repas terminé, nous nous répandîmes un peu par la ville sans guide, selon notre habitude, et nous fiant à cet instinct de la configuration des lieux qui nous empêche de nous perdre, même dans les endroits que nous ne connaissons que par la carte ou un coup d'œil rapide; nous remontâmes le lungo à l'Arno jusqu'au pont de la Trinité; nous enfilâmes une rue, et nous nous trouvâmes devant le café Doni, ce Tortoni de Florence; les calèches s'y arrêtent en revenant de la promenade des Caschines, les Champs-Élysées de l'endroit, et l'on s'y fait apporter des glaces dans sa voiture.

Deux grandes filles un peu basanées, mais assez belles, costumées avec une sorte d'élégance et coiffées de ces chapeaux de paille d'Italie à tresse fine dont on fait tant de cas à Paris, et qui s'y vendent si cher, se précipitèrent vers nous avec une hardiesse joyeuse, les mains pleines de fleurs, et eurent bientôt fait un parterre de notre gilet ; chaque boutonnière de notre habit se trouva, en un clin d'œil et sans que nous eussions pu nous en défendre, étoilée d'un œillet ou d'une rose. Jamais garçon de noce ne fut plus fleuri. Les bouquetières, ayant vu un nouveau, comme on dit en termes de collégien, avaient exploité cette proie et saluaient notre bienvenue à leur manière. Florence est la ville des fleurs ; on y en fait une consommation énorme ; aux promenades, le siége des voitures est encombré de bouquets, on en fait pleuvoir à chaque pas dans les calèches, les maisons en regorgent, et l'on monte les escaliers entre deux haies fleuries. — On dit qu'au printemps la campagne est émaillée de mille couleurs comme un tapis de Perse. C'est un spectacle dont nous ne pouvons parler que par ouï-dire, car nous étions en automne.

Pendant que nous étions aux mains de ces filles, nous nous entendîmes appeler par trois ou quatre voix amies, comme si nous eussions été sur le boulevard des Italiens.

L'ami avec lequel nous avons fait, en 1840, ce beau et long voyage d'Espagne, resté un de nos plus chers souvenirs, se trouvait à Florence, où il préparait les matériaux de sa superbe publication photographique, *l'Italie monumentale*, dont on a pu admirer les premières livraisons au vitrage de Vibert et Goupil, et nous serrait cordialement la main à travers le groupe acharné des bouquetières; — Loubon, le peintre marseillais, Stürler, un artiste allemand de l'école d'Overbeck, dont on n'a sans doute pas oublié un tableau représentant la mort de Suenon, exposé il y a quelques années au Salon et rappelant par son faire les peintures à l'eau d'œuf, les triptyques du xiiie siècle; — G., le philologue, l'érudit, le mystérieux puits de science, qui amasse pour lui tout seul une érudition de bénédictin, nous saluaient gaiement et nous offraient des cigares et des glaces.

Nous étions en plein pays de connaissance, et, le coude sur une table, le nez dans un épais nuage de fumée, nous commençâmes une de ces conversations qui ne peuvent se tenir que depuis la rue Grange-Batelière jusqu'à la rue du Mont-Blanc, entre gens qui, comme artistes, critiques, philosophes, poëtes, ont parcouru tous les mondes de l'art. Quelque beau que soit un climat, quelque riche que soit un pays en palais, en tableaux, en statues, rien ne remplace ces entretiens vagabonds, pleins d'ellipses et de sous-entendus, où un mot fait lever des essaims d'idées, où la vérité s'aiguise en paradoxe, où l'on touche à tout sans en avoir l'air, où la plaisanterie a des profondeurs inconnues et qui font le désespoir des étrangers qui les écoutent, s'imaginant savoir le français.

Chacun nous developpa sa manière de voir Florence, les uns disant que quelques jours suffisaient, les autres prétendant, au contraire, qu'il fallait plus d'un an pour se douter seulement des richesses que renfermait cette ville, berceau de l'art toscan. A cela nous répondimes que notre temps était limité, qu'il nous fallait visiter Rome et Naples avant que la saison fût tout à fait mauvaise, et que nous n'avions pas le dessein de faire un ouvrage d'érudition, mais de prendre, avec notre style, quelques vues au daguerréotype des objets qui frapperaient le plus notre attention, sites, monuments, œuvres d'art, costumes et singularités, et que notre talent n'allait pas au delà ; car, dans cette causerie d'une heure, on nous avait indiqué des plans dont l'accomplissement eût exigé notre vie entière.

Nous rentrâmes à l'hôtel de *New-York*, et, dès qu'il fit jour, nous mîmes le nez à la fenêtre pour étudier un peu la perspective qui se déroulait devant nos yeux.

Le fleuve Arno coulait entre deux quais de pierre,

trouble et jaune, ne couvrant guère que la moitié de son lit, dont le fond vaseux, constellé de gravats, de tessons et de détritus de toute espèce, apparaissait par places. La magie de ces noms italiens, qu'on voit enchâssés dans les vers des poëtes, est telle, que ces syllabes sonores éveillent toujours dans l'esprit une idée différente de l'aspect que présente la réalité. On se figure, malgré soi, l'Arno comme un fleuve à l'eau limpide, aux bords fleuris et verdoyants, vers lequel descendent les escaliers de marbre des terrasses, et que sillonnent, le soir, des barques étoilées de falots, laissant tremper au courant des tapis de Turquie, abritant sous leur tendelet de soie des couples d'amoureux fous,

Et des musiciens qui font rage sur l'eau.

La vérité est que l'Arno mérite plutôt le nom de torrent que celui de fleuve : il coule d'une façon intermittente, selon le caprice des pluies et des sécheresses, tantôt à sec, tantôt débordant, et dans Florence ressemble plutôt à la Seine entre le pont de l'Hôtel-Dieu et le pont Neuf qu'à tout autre chose.

Quelques musiciens pêcheurs, dans l'eau jusqu'aux jarrets, animaient seuls le fleuve, qui, à cause de l'instabilité de son étiage, ne peut porter que des bachots plats, chose d'autant plus fâcheuse que la mer est toute voisine, l'Arno s'y jetant après avoir traversé Pise.

Les maisons qui nous faisaient face sur l'autre quai étaient hautes, d'une architecture sobre et peu récréative; quelques dômes et quelques tours d'églises lointaines rompaient seuls cette ligne horizontale; nous apercevions aussi, au delà des toits des édifices, la colline de San-Miniato, avec son église et ses cyprès, dont le nom nous était resté accroché dans l'esprit, quoique nous ne fussions jamais venu à Florence, par la lecture du *Lorenzaccio* d'Alfred de Musset, dont la cinquième scène porte pour désignation ce lieu de scène: *Devant l'église de San Miniato à Montolivet*. Comment ce détail insignifiant se retrouvait-il dans notre mémoire au bout de tant d'années, lorsque nous avons oublié tant de choses plus importantes ? Que celui-là le dise qui peut dérouler les circonvolutions mystérieuses des pauvres cervelles humaines.

Le beau pont de la Trinité, de l'architecte Ammanato, enjambait, à notre droite, le fleuve Arno de ses trois légères arches surbaissées; de cette manière, il offre moins de prise aux eaux dans le temps des crues et des débordements. — Il est orné des statues des quatre saisons, qui, de loin, produisent un effet assez monumental.

Nous avions à notre gauche le pont alla Carraïa, un

des plus anciens de Florence, puisque sa fondation remonte au xiiie siècle; emporté par un débordement, il a été reconstruit par Ammanato, l'architecte du pont de la Trinité, dont nous parlions tout à l'heure.

A ce pont se rattache une légende assez étrange. Au mois de mai 1304, une bizarre annonce répandue dans Florence faisait savoir aux habitants « que ceux qui désiraient avoir des nouvelles de l'autre monde n'avaient qu'à se rendre sur le pont alla Carraïa. »

Cette invitation singulière, et qui vaut bien toutes les attractions combinées dont fait usage le puff anglais, attira une foule énorme sur le pont alla Carraïa, dont les piles étaient de pierre et les arches de bois.

L'idée de l'enfer résumée quelques années ensuite dans le grand poème cyclique de Dante occupait alors toutes les cervelles; les peintres couvraient les murailles des églises et des cloîtres de compositions diaboliquement fantastiques, que devait résumer plus tard, avec une maestria suprême, le *Jugement dernier* de Michel-Ange.

C'était donc une représentation de l'enfer qui se donnait sur le fleuve d'après les imaginations fantasques de cet extravagant de Buffamalco. L'Arno, changé temporairement en Phlégéton, en Cocyte, était sillonné de barques noires dans le goût de la barque à Caron, qui promenaient des ombres accueillies à grands coups de fourche par des diables avec cornes, griffes, ailes onglées, queue en spirale, en tenue obligée de l'emploi ; un mélange de supplices païens et chrétiens, chaudières bouillantes, grilles, roues, tenailles, estrapades, bûchers, présentant toutes les variétés de tortures possibles et impossibles, avec force flamme et fumée, feux grégeois et autres artifices. D'énormes gueules d'enfer à la mode du moyen âge s'ouvraient et se fermaient, laissant voir, à travers un flamboiement rougeâtre, la foule des damnés tourmentés et géhennés par les diables.

Ce bizarre spectacle était donné, par les habitants du bourg de San-Fanfrediano, aux citadins de Florence, qui le payèrent chèrement ; car le pont rompit sous le poids de la foule ; un grand nombre de spectateurs tombèrent dans l'eau et dans les flammes, se noyant et se brûlant à la fois, et eurent, comme le promettait l'annonce, des nouvelles directes de l'autre monde en allant les chercher eux-mêmes.

On nous a raconté qu'un événement de ce genre faillit arriver à Paris sous l'Empire, à propos d'un feu d'artifice qui se tirait sur le pont Royal. Au moment où les premières fusées partirent, la foule stationnnée sur le pont des Arts se pencha toute vers la balustrade, et le tablier du pont se souleva ; un immense saut en arrière, exécuté avec l'ensemble et la prestesse de la peur, rétablit le plancher dans son équilibre, et les Parisiens de 1810 en furent quittes à meilleur marché que les Florentins de 1304.

Après cette catastrophe, le pont fut rebâti tout en pierre, et à peu près dans la forme qu'on lui voit aujourd'hui.

L'aspect général de Florence, contrairement à l'idée qu'on s'en fait, est triste. Les rues sont étroites ; les maisons, hautes, sombres de façades, n'ont point cette blanche gaieté méridionale qu'on s'attendrait à y trouver. Cette ville de plaisir, dont l'Europe élégante et riche fait sa maison d'été, a la physionomie maussade et rechignée ; ses palais ressemblent à des prisons ou à des forteresses ; chaque maison a l'air de se retrancher ou de se défendre contre la rue ; l'architecture, massive, sérieuse, solide, sobre d'ouvertures, a conservé toutes les défiances du moyen âge et semble toujours s'attendre à quelque coup de main des Pazzi et des Strozzi.

Ainsi, Florence, qu'on se figure couchée sous un ciel d'azur dans une draperie de blancs édifices et respirant avec nonchalance le lis rouge de ses armoiries, est effectivement une matrone austère, à demi cachée dans ses voiles noirs, comme une parque de Michel-Ange.

II

Les Grecs avaient une expression particulière pour rendre d'un seul mot l'endroit central et important d'un pays ou d'une ville : *ophtalmos* (l'œil). N'est-ce pas, en effet, l'œil qui donne la vie, l'intelligence et la signification à la physionomie humaine, qui en exprime la pensée et séduit par son magnétisme lumineux? Si l'on transporte cette idée de la nature vivante à la nature morte, par une métaphore hardie mais juste, n'y a-t-il pas dans chaque ville un endroit qui la résume, où le mouvement et la vie aboutissent, où les traits épars de son caractère spécial se précisent et s'accusent plus nettement, où ses souvenirs historiques se sont solidifiés sous une forme monumentale, de manière à produire un ensemble frappant, unique, un œil sur le visage de la cité?

Toute grande capitale a son œil : — à Rome, c'est le campo Vaccino; à Paris, le boulevard des Italiens; à Venise, la place Saint-Marc ; à Madrid, le Prado; à Londres, le Strand; à Naples, la rue de Tolède. Rome est plus romaine, Paris plus parisien, Venise plus vénitienne, Madrid plus espagnol, Londres plus anglais, Naples plus napolitain, dans cet endroit privilégié que partout ailleurs. L'œil de Florence est la place du Grand-Duc : — un bel œil !

En effet, supprimez cette place, et Florence n'a plus de sens ; Florence pourrait être une autre ville. C'est donc par cette place que tout voyageur doit commencer ; et, d'ailleurs, n'en eût-il pas le dessein, les flots des promeneurs l'y porteraient et les rues l'y conduiraient d'elles-mêmes.

Le premier aspect de la place du Grand-Duc, d'un effet si gracieux, si pittoresque, si complet, vous fait comprendre tout de suite dans quelle erreur tombent les capitales modernes comme Londres, Paris, Saint-Pétersbourg, qui forment, sous prétexte de places, dans leurs masses compactes, d'immenses espaces vides sur lesquels échouent tous les modes possibles et impossibles de décoration. On touche du doigt la raison qui fait du Carrousel et de la place de la Concorde de grands champs vagues qui absorbent sans fruit des fontaines, des statues, des arcs de triomphe, des obélisques, des candélabres et des jardinets. Tous ces embellissements, très-jolis sur le papier, fort agréables aussi sans doute vus de la nacelle d'un ballon, sont à peu près perdus pour le spectateur qui n'en peut saisir l'ensemble, sa taille ne l'élevant qu'à cinq pieds au-dessus du sol.

Une place, pour produire un bel effet, ne doit pas être trop vaste; au delà d'une certaine limite, le regard s'éparpille et se perd. Il faut aussi qu'elle soit bordée de monuments variés et de diverses élévations. La construction en hauteur est élégante et circonscrit avantageusement l'espace : on en démêle tous les détails. C'est la différence d'un tableau dressé à un tableau couché par terre et sur lequel il faudrait marcher pour le voir.

La place du Grand-Duc, à Florence, réunit toutes les conditions du pittoresque architectural, l'interséquence et la variété; bordée de monuments réguliers en eux-mêmes, mais différents les uns des autres, elle plaît aux yeux sans les ennuyer par une froide symétrie.

Le palais de la Seigneurie, ou vieux palais, qui, par sa masse imposante et son élégance sévère, attire tout d'abord l'attention, occupe un angle de la place, au lieu d'en occuper le milieu. Cette situation bizarre, heureuse selon nous, regrettable pour ceux qui ne voient le beau, en architecture, que dans une régularité géométrale, n'est pas fortuite; elle a une raison toute florentine. Pour obtenir la symétrie parfaite, il aurait fallu bâtir sur le sol détesté de la maison gibeline, rebelle et proscrite des Uberti ; ce que la faction guelfe, alors toute-puissante, ne voulut pas permettre à l'architecte Arnolfo di Lapo. Des érudits contestent cette tradition ; nous ne discuterons pas ici la valeur de leurs objections. Ce qu'il y a de certain, c'est que le palais vieux gagne beaucoup à la singularité de cette assiette, et laisse ainsi de l'espace pour la grande fontaine de Neptune et la statue équestre de Cosme Ier.

Le nom de forteresse conviendrait mieux que tout autre au palais vieux; c'est une grande masse de pierres sans colonnes, sans fronton, sans ordre d'architecture, formant comme une énorme tour carrée, un peu allongée en parallélogramme, dentelée de créneaux et couronnée d'un moucharaby d'une projection assez forte ; aux étages, des fenêtres ogivales percent, comme des meurtrières, les épaisses murailles du massif édifice, et, du centre, comme un donjon du milieu d'une citadelle, s'élance un haut beffroi également crénelé, portant un cadran sur le pan qui regarde la place.

Le temps a doré les murs de beaux tons roux et vermeils qui ressortent merveilleusement du bleu pur du ciel, et toute la bâtisse a cet aspect hautain, romantique et farouche, qui répond bien à l'idée qu'on se forme de ce vieux palais de la Seigneurie, témoin, depuis le XIIIᵉ siècle, date de sa construction, de tant d'intrigues, de tumultes, d'actions violentes et de crimes. Les créneaux du palais, entaillés carrément, montrent qu'il a été élevé jusqu'à cette hauteur par la faction guelfe; les créneaux bifurqués du beffroi indiquent un revirement et l'arrivée au pouvoir de la faction gibeline. Guelfes et gibelins se détestaient si violemment, qu'ils écrivaient partout leur opinion dans leurs vêtements, dans leur coupe de cheveux, dans leurs armes, dans leur manière de se fortifier: ils ne craignaient rien tant que d'être pris les uns pour les autres et se différenciaient autant qu'ils le pouvaient; ils avaient un salut particulier à la manière des francs-maçons et des compagnons du Devoir. On peut reconnaître, à ce denticulage caractéristique, dans les vieux palais de Florence, les opinions de leurs anciens propriétaires; les murs de la ville sont crénelés carrément à la manière guelfe, et la tour sur les remparts, vis-à-vis le chemin du mail, a le créneau gibelin découpé en queue d'aronde.

Sous les arcs qui soutiennent le couronnement du palais sont peintes à fresque les armoiries du peuple, de la commune et de la république de Florence. Après le renvoi du duc d'Athènes, dont le titre romanesque vous fait penser au *Songe d'une nuit d'été* de Shakspeare, Florence fut divisée en quatre quartiers et seize bannières (*gonfani*) — quatre étendards par quartier — qui reçurent chacun leurs armes, dont voici la description héraldique : — Le quartier Spirito porte d'azur à la colombe d'argent avec des rayons d'or; ses étendards sont ainsi blasonnés : *Nicchio*, deux écus distincts sur fond rouge; le plus petit avec les armes du peuple, c'est-à-dire une croix de gueules sur champ d'argent, armes qui sont répétées sur tous les écus; l'autre avec cinq coquilles d'or sur champ d'azur, ferré d'argent au fouet de sable; *Drago*, d'or au dragon de sinople; *Scala*, de gueules à l'escalier de sable. — Le quartier Santa-Croce est représenté par une croix d'or sur champ d'azur. Ses bannières portent : *Carro*, d'argent, au char avec des roues de sable; *Ruote*, d'azur à la roue d'or; *Bue*, d'or au taureau de sable; *Leone d'oro*, d'argent au lion d'or. — Le quartier de Santa-Maria-Novella a pour insigne un soleil avec des rais d'or sur champ d'azur. Ses bannières ont pour armoiries : *Leone bianco*, un lion rampant d'argent sur champ d'azur; *Vipera*, une vipère de sinople sur champ d'or; *Unicorno*, une licorne d'or sur champ d'azur. — Le quartier de San-

Giovanni est symbolisé par un temple octogone, semblable au baptistère, cantonné d'or sur champ d'azur cantonné de deux clefs; *Chiavi*, a deux clefs de gueules sur champ d'or; *Vaio*, coupé de gueules et de vair: la partie supérieure de gueules, la partie inférieure de vair; *Drago*, un dragon sur champ d'or; *Leone vero*, un lion sur champ d'azur, ayant dans la griffe droite une petite banderole avec les armes du peuple. — On voit que tous ces blasons forment ce qu'on appelle des armes parlantes. Le moyen âge aimait ces rébus héraldiques, dont le *créquier* des Créqui, les *pommes* des Pommereuil, le *noyer* des Nogaret, peuvent donner une idée en France.

Que le lecteur nous pardonne cette litanie de blasons; mais nous avons cru devoir en historier notre description du palais de la Seigneurie, et les poser dans nos phrases comme ils le sont dans les petites arcades du moucharaby, avec leurs émaux et leurs couleurs; ils sont, du reste, un des traits caractéristiques de la physionomie mi-communale, mi-féodale de ce palais, hôtel de ville et forteresse.

Le palazzo vecchio a pour soubassement quelques marches qui formaient autrefois une espèce de tribune du haut de laquelle les magistrats et les agitateurs haranguaient le peuple.

Deux colosses de marbre, l'*Hercule tuant Cacus*, de Bandinelli, et le *David vainqueur de Goliath*, de Michel-Ange, montent auprès de la porte leur faction séculaire, comme deux sentinelles que l'on a oublié de relever.

L'*Hercule* de Bandinelli et le *David* de Michel-Ange ont été l'objet de critiques et d'admirations qui ne nous paraissent pas fort justes. A notre avis, on a trop déprécié Bandinelli, et trop loué Michel-Ange.

Il y a dans l'*Hercule tuant Cacus* une fierté hautaine, une énergie féroce, un sentiment grandiose, qui dénote l'artiste de premier ordre ; jamais l'exagération florentine n'a poussé plus loin ses violences ronflantes et ses fanfaronnades d'anatomie. Le col ployé du Cacus et les lacis de muscles qui soulèvent ses épaules monstrueuses montrent une force et une puissance étonnantes, et Michel-Ange lui-même, quand il vit ce morceau moulé séparément, ne put s'empêcher de lui accorder son approbation. Le torse de l'*Hercule* a été beaucoup critiqué par les artistes et le public du temps. Tous les détails, il est vrai, y sont accusés outre mesure : les deltoïdes, les pectoraux, les attaches mastoïdiennes, les dentelés et les saillies des côtes y ressortent avec un relief extrême; c'est de l'écorché à la troisième puissance; l'artiste a oublié de jeter une peau sur ces saillies et ces bosses, ou plutôt il ne l'a pas voulu. Aussi a-t-on comparé ce torse à un sac rempli de pommes de pin. Ce reproche, qui a son côté vrai, pourrait être adressé à bien d'autres artistes florentins, sans en excepter le grand Buonarotti.

Ce Baccio Bandinelli avait devant le grand-duc, avec ce grand hâbleur de Benvenuto Cellini, matamore de l'art, capitaine Fracasse de l'orfèvrerie, les plus amusantes prises de bec. « Pourvois-toi d'un autre monde, car je veux te chasser de celui-ci, disait Benvenuto à Bandinelli en se campant sur la hanche comme un don Spavento de comédie. — Fais-le-moi savoir un jour d'avance, afin que je me confesse et que je fasse un testament; car je ne veux pas mourir en brute comme toi, répondait le statuaire au ciseleur. » Ce dialogue, alterné d'injures de crocheteur ou de savant, divertissait le grand-duc. — Ces animosités valent, au fond, mieux pour l'art que les hypocrites flagorneries qu'emploient entre eux les artistes modernes. La passion est bonne et prouve la conviction; d'ailleurs, Benvenuto Cellini rend justice dans ses Mémoires au talent de Bandinelli, qu'il place honorablement parmi les célébrités contemporaines.

Le *David* de Michel-Ange, outre l'inconvénient qu'il a de représenter sous une forme gigantesque un héros biblique dont la taille était notoirement petite, nous a paru un peu lourd et commun, défaut rare chez ce maître d'une si rigoureuse élégance; c'est un grand et gros garçon bien portant, charnu, râblé, bastionné de pectoraux solides, muni de biceps monstrueux, un fort de la halle attendant qu'on lui mette un sac sur le dos. Le travail du marbre est remarquable, et, somme toute, est un bon morceau d'étude qui ferait honneur à tout autre statuaire que Michel-Ange; mais il y manque cette maestria olympienne et formidable qui caractérise les œuvres de ce sculpteur surhumain; il faut dire aussi que l'artiste n'a pas été entièrement libre: il a tiré son *David* d'un énorme bloc de marbre de Carrare, entaillé un siècle auparavant par Simon de Fiesole, qui avait essayé d'en extraire un colosse sans en pouvoir venir à bout. Michel-Ange, alors âgé de vingt-neuf ans, reprit l'ébauche et trouva en se jouant une statue géante à travers les essais informes de Simon de Fiesole; quelques défauts de proportion dans les membres, le manque de marbre et des coups de ciseau visibles aux épaules indiquent la gêne que dut éprouver le grand statuaire dans l'accomplissement de ce tour de force singulier: entrer une statue dans la peau d'une autre. Michel-Ange seul pouvait se permettre cette étrange fantaisie.

Deux autres statues terminées en gaine d'Hermès, l'une de Bandinelli, l'autre de Vicenzo de Rossi, servaient autrefois de bornes pour suspendre la chaîne qui barrait la porte : celle de Vicenzo représente un homme terminé en tronc de chêne pour symboliser la force et la magnanimité de la Toscane ; celle de Bandinelli représente une femme la tête ceinte d'une couronne, les pieds pris dans un laurier, symbolisant la suprématie dans les arts et la courtoisie de cette heureuse terre. — L'ennui vandale des factionnaires a sculpté, à coups de baïonnette, le sexe de ces deux Hermès.

Au-dessus de la porte, deux lions soutiennent un cartouche rayonnant, avec cette inscription :

JESUS CHRISTUS, REX FLORENTINI POPULI,
S. P. DECRETO ELECTUS.

Le Christ fut, en effet, élu roi de Florence, sur la proposition de Nicolo Capponi au conseil des Mille, dans l'idée d'assurer la tranquillité publique, le Christ ne pouvant être supplanté ni remplacé par personne.

Cette présidence idéale n'empêcha pas la République d'être renversée.

La cour par laquelle on pénètre par cette porte a été mise dans l'état où elle est par Michelozzi. Le goût de la renaissance fleurit dans l'architecture. D'élégantes colonnes supportant des arcades forment un patio comme on en trouve au centre des maisons espagnoles ; une fontaine élevée sur les dessins de Vasari par le sculpteur Tadda, d'après les ordres de Cosme Ier, en occupe le milieu et complète la ressemblance ; la vasque est en porphyre ; l'eau jaillit du museau d'un poisson étranglé par un bel enfant de bronze, d'André Verocchio ; au-dessus des arcades sont peints à fresque des trophées, des dépouilles opimes, des armes de guerre et des prisonniers enchaînés à des médaillons contenant les armoiries de Florence et des Médicis.

Une des pièces les plus curieuses du palais vieux est le grand salon, salle d'une dimension énorme qui a sa légende. — Lorsque les Médicis furent chassés de Florence en 1494, fra Girolamo Savonarole, qui dirigeait le mouvement populaire, donna l'idée de construire une immense salle où un conseil de mille citoyens élirait les magistrats et réglerait les affaires de la République. L'architecte Cronaca fut chargé de cette besogne et s'en acquitta avec une célérité si merveilleuse, que frère Savonarole fit courir le bruit que les anges du ciel descendaient pour servir les maçons et continuaient la nuit les travaux interrompus. — L'invention de ces anges gâchant le plâtre et portant l'oiseau est tout à fait dans le goût légendaire du moyen âge, et fournirait un charmant sujet de tableau à quelque peintre naïf de l'école d'Overbeck ou de Hauser. Dans cette rapide construction, le Cronaca déploya, sinon tout son génie, du moins toute son habileté ; la coupe et les combinaisons de la charpente qui soutient ce grand plafond, d'un poids énorme, sont justement admirées et ont été souvent consultées par les architectes.

Lorsque les Médicis revinrent et transportèrent leur résidence du palais de la via Larga, qu'ils occupaient, au palais de la Seigneurie, Cosme voulut changer la salle du conseil en salle d'audience, et chargea le présomptueux Baccio Bandinelli, dont les dessins l'avaient séduit, de divers remaniements et appropriations d'importance ; mais le sculpteur avait trop présumé sans doute de son talent d'architecte, et, malgré les secours de Giuliano Baccio d'Agnolo, qu'il appela à son aide, il travailla dix ans sans pouvoir se tirer des difficultés qu'il s'était créées. Ce fut Vasari qui exhaussa le plafond de plusieurs brasses, termina les travaux et décora les murailles d'une suite de fresques qu'on y voit encore et qui représentent différents épisodes de l'histoire de Florence, des combats et des prises de ville, le tout travesti à l'antiquité et entremêlé d'allégories. Ces fresques, brossées avec une médiocrité intrépide et savante, offrent tous les lieux communs de muscles rondants et de tours de force anatomiques en usage à cette époque parmi le troupeau des artistes à la suite. Quoiqu'il s'agisse de l'histoire de Florence, on croirait voir des Romains de l'ancienne Rome, faisant le siège de Véies ou de toute autre ville primitive du vieux Latium, et ces fresques ont l'air de gigantesques illustrations du *De Viris illustribus*. Ce faux goût est choquant. Qu'ont à faire le casque classique, la cuirasse à lanières et les hommes tout nus dans la guerre de Florence contre Pise et Sienne?

Un grand nombre de statues et de groupes placés dans des niches ou sur des piédestaux décorent cette salle ; nous ne les décrirons pas les uns après les autres, ce serait à n'en pas finir ; mais nous citerons l'*Adam et Ève*, de Baccio Bandinelli, une des meilleures choses du maître, le *Jean de Médicis* et l'*Alexandre*, premier duc de Florence, tué par ce Lorenzaccio qui a fourni à notre poëte Alfred de Musset une étude toute Shakspearienne, du même Baccio; *le Vice triomphant de la Vertu*, de Jean de Bologne, et surtout une *Victoire*, de Michel-Ange, destinée au mausolée de Jules II, d'une fierté si sublime, d'une tournure si grandiose, d'un dédain si superbe, qu'elle fait paraître toutes les autres figures plates, laides, communes, bourgeoises, triviales, presque abjectes, quelque belles qu'elles soient d'ailleurs. L'*Alexandre* et le *Jean de Médicis*, malgré leur air impérieux et féroce, ont l'air de bien petits garçons devant cette terrible et triomphante statue. C'est l'habitude de Michel-Ange de faire disparaître et de réduire à néant toutes les œuvres d'art qui se hasardent auprès de lui.

Remarquez, en passant, de belles portes en marqueterie, de Benoît de Maciano, qui a encadré dans des ornements d'un goût exquis les portraits de Dante et de Pétrarque, exécutés en bois de différentes nuances : c'est un chef d'œuvre de difficulté vaincue.

Un motif qui revient souvent dans les ornementations des plafonds et des corniches, ce sont des enfants qui jouent à la raquette avec des balles rouges : allusion aux armes des Médicis, qui se composent, comme on sait, de cinq tourteaux de gueules rangés en orle, surmontés plus tard d'un tourteau de France sur champ d'or. Les mauvais plaisants, qui ont voulu voir dans ces tourteaux des pilules à cause du nom de Médici (médecin), se trompent : ce sont des balles, signification qu'explique suffisamment la devise : *Permissa resiliunt*. C'est à peu près tout ce que l'on vous permet de voir du palais de la Seigneurie; les anciennes salles auxquelles se rattachent des souvenirs historiques sont encombrées de paperasses administratives et n'offrent plus rien de curieux à l'œil.

Nous disions tout à l'heure combien les dimensions colossales étaient peu nécessaires pour produire de l'effet en architecture. La loggia de Lanzi, ce joyau de la place du Grand-Duc, consiste en un portique composé de quatre arcades : trois sur la façade, une en retour sur la galerie des Offices. C'est une miniature de monument; mais l'harmonie des proportions en est si parfaite, que l'œil éprouve à le regarder une sensation de bien-être. Le voisinage du palais de la Seigneurie, par sa masse compacte et sa carrure robuste, fait ressortir admirablement l'élégante légèreté de ses arcs et de ses colonnes. Malgré l'avis de Michel-Ange, qui répondit au grand-duc, le consultant à ce sujet, que ce qu'on avait de mieux à faire pour décorer la place, c'était de continuer le portique d'Orcagna ou d'Orgagna. — car telle est l'ortographe italienne du nom, — nous croyons que la loggia est bien comme elle est et ne gagnerait nullement à être répétée comme les arcades de la rue de Rivoli. Son charme principal, c'est que, symétrique elle-même, elle observe la loi de l'interséquence parmi les monuments qui l'accompagnent et qu'elle interrompt; cette diversité donne à la place une gaieté à laquelle eût bientôt succédé l'ennui, si l'on eût répété les arcades sur toutes les faces.

Orgagna, comme Giotto, comme Michel-Ange, comme Léonard de Vinci, comme Raphaël et toutes les grandes capacités panoramiques de ces temps bienheureux où l'envie bourgeoise ne restreignait pas le génie à une étroite spécialité, parcourait d'un pas égal la triple carrière de l'art : il était architecte, peintre et sculpteur. La loggia, les fresques du Campo-Santo, la statue de la Vierge et différents tombeaux dans les églises de Florence montrent combien il était supérieur dans chacune de ces parties. Aussi avait-il le légitime et naïf orgueil de mettre au bas de ses peintures : Orgagna *sculptor*, et, au bas de ses sculptures : *pictor*.

Les colonnes de la loggia ont des chapiteaux d'un corinthien gothique et fantasque, où les régularités de Vitruve ne sont pas observées; ce qui n'ôte rien à leur grâce et à leurs heureuses proportions. Une balustrade découpée à jour couronne l'édifice, terminé en terrasse, d'une façon délicate et légère. — Le nom de *loge des Lances* lui vient d'une ancienne caserne de lansquenets, qui existait non loin de là, lorsque les fondements en furent jetés, sous la tyrannie du duc d'Athènes. Le but de ces constructions était d'abriter les citoyens des pluies subites, et de leur permettre de s'entretenir à couvert de leurs affaires ou de celles de l'État. C'était sous cette galerie, exhaussée de quelques pieds au-dessus du sol de la place, que l'on investissait les magistrats de leurs pouvoirs, que l'on créait les chevaliers, que l'on publiait les décrets du gouvernement, et que l'on haranguait le peuple comme du haut d'une tribune.

L'édilité ferait bien d'élever, dans nos pluvieuses cités du Nord, où les passants sont vingt fois par jour exposés aux brusques intempéries des saisons, des monuments comme la loggia de Lanzi de Florence, la lonja de Seda de Valence, le forum Boarium ou la Græcostasis de Rome : outre les promeneurs, ces portiques pourraient abriter, de même que celui d'Orgagna, des chefs-d'œuvre de sculpture antique ou moderne, et donner de la besogne aux statuaires autant qu'aux architectes.

La loggia est une espèce de musée en plein air : le *Persée* de Benvenuto Cellini, la *Judith* de Donatello, l'*Enlèvement des Sabines* de Jean de Bologne, s'encadrent dans ses arcades. Six statues antiques, les vertus cardinales et monacales de Jacques dit Pietro, une madone d'Orgagna, ornent la paroi intérieure. Deux lions, l'un antique, l'autre moderne, de Flaminio Vacca, presque aussi bons que les lions grecs de l'Arsenal de Venise, complètent cette décoration.

Le *Persée* peut être regardé comme le chef-d'œuvre de Benvenuto Cellini, cet artiste dont on parle tant en France, sans presque rien connaître de lui. Cette statue, un peu maniérée dans sa pose, comme toutes les œuvres de l'école florentine, qui poussa très-loin la recherche de la ligne et la nouveauté curieuse du mouvement, a une grâce juvénile très-séduisante. Cette tournure composée, inférieure sans doute à la simplicité antique, offre encore un gand charme; c'est élégant et cavalier.

Le jeune héros vient de trancher la tête à l'infortunée Méduse, dont le corps, replié avec une hardiesse savante, fait, de son paquet de membres convulsés par l'agonie, un escabeau au pied du vainqueur. Persée, détournant son visage, où se peint une compassion mêlée d'horreur, tient d'une main son épée à crochet recourbé, et de l'autre élève la tête pétrifiante, immobile et morte au milieu de sa chevelure de serpents qui se tordent.

Le piédestal, autre chef-d'œuvre, est orné de bas-reliefs relatifs à l'histoire d'Andromède, de figurines et de feuillages où reparaît le talent de Benvenuto, ciseleur. Au-dessous de ces figurines, représentant un Jupiter debout et brandissant ses carreaux, on lit cette inscription menaçante :

TE, FILI, SI QUIS LÆSERIT, ULTOR ERO,

qui s'applique aussi bien à Persée qu'à l'artiste. Cette légende à double sens semble un avertissement du ciseleur spadassin à la critique, qui n'a qu'à se le tenir pour dit. Sans nous laisser influencer par cette rodomontade, nous admirerons franchement le *Persée* pour sa grâce héroïque et la noblesse de ses formes délicates. C'est une charmante statue et un délicieux bijou ; elle vaut toute la peine qu'elle a coûtée.

La *Judith* de Donatello montre, au palais de la Seigneurie, la tête coupée d'Holopherne avec une fierté rébarbative assez alarmante, et tient, sous l'arcade de la Loggia, le même emploi que le *Spartacus* de Foyatier en face du palais des Tuileries. Seulement, la protestation du *Spartacus* est muette, et, pour que celle de Judith n'offrît aucune espèce d'ambiguïté, l'on a gravé sur la plinthe cette inscription peu rassurante : *Exemplum salut. publ. cives posuere MCCCXCV*. Ces deux statues sont de bronze. Benvenuto, dans ses Mémoires, raconte d'une façon dramatique et touchante toutes les péripéties de la fonte du *Persée* et les angoisses terribles qu'il éprouva jusqu'à ce que le succès eût couronné l'œuvre. Pour liquéfier le métal, qui se figeait dans le creuset et ne voulait pas couler, l'artiste y jeta toute sa vaisselle, actionna le feu avec ses meubles, épuisé, haletant, songeant à la joie de ses rivaux si l'opération manquait, et prêt à se jeter dans la fournaise si le moule crevait sous la pression du bronze. Aussi quelle joie, quel délire, quel triomphe et quel cordial repas avec les élèves et les compagnons lorsque l'œuvre sortit radieuse et pure de toutes ces épreuves ! — On montre encore à Florence la maison où le *Persée* a été fondu.

Benvenuto, qui, en sa qualité d'orfèvre ciseleur, avait

assez travaillé pour les rois, les princesses et les seigneurs, voulut que son *Persée* conquît l'admiration populaire ; car il le scella très-solidement dans le socle pour le soustraire au caprice de la grande-duchesse, qui désirait en orner son appartement, préférant à ce riche sanctuaire la perpétuelle exposition publique.

L'*Enlèvement des Sabines* a été pour Jean de Bologne un admirable prétexte de déployer sa science du nu et de faire voir la beauté humaine sous trois expressions différentes : une belle jeune femme, un jeune homme vigoureux, un vieillard superbe encore. Ce beau groupe de marbre rappelle le *Borée enlevant Orythie*, du jardin des Tuileries : c'est la même élégance vague, la même ingénieuse facilité d'arrangement. Sur la plinthe, un bas-relief explique ce que le sujet pourrait avoir d'indécis et de peu intelligible.

La fontaine de Neptune de l'Ammanato, qui s'élève monumentalement à l'angle du palais de la Seigneurie, dans l'espace laissé vide par la maison rasée des Uberti, a un aspect riche et grandiose, quoiqu'elle soit inférieure aux projets des autres artistes, repoussés au profit de l'architecte favori du grand-duc Cosme Ier. Le dieu, de grandeur colossale, est debout sur une conque traînée par quatre chevaux marins, deux de marbre blanc, deux de marbre veiné; trois tritons jouent à ses pieds, et l'eau retombe en jets nombreux dans un bassin octogone dont les quatre petits angles sont ornés de statues de bronze représentant Thétis et Doris et des dieux marins enfants jouant avec des coquillages, des coraux, des madrépores et autres productions de la mer; huit satyres également de bronze, des mascarons, des cornes d'abondance complètent cette opulente décoration, où se pressent déjà le goût fastueux et mythologique des fontaines du parc de Versailles, goût que l'on croit français et qui n'est qu'italien de la décadence.

La statue équestre de Cosme de Médicis, la meilleure des quatre que Jean de Bologne a eu le bonheur rare d'exécuter dans une vie d'artiste, a beaucoup d'aisance et de noblesse. Le cheval marche bien dans son allure de petit trot; l'homme est bien en selle; il n'est pas ridiculement historique, a le costume moitié réel, moitié de fantaisie du grand-duc, et produit un bon effet, monumental. Cette statue est de bronze et a présenté d'assez grandes difficultés de jet; des bas-reliefs relatifs à l'histoire de Cosme plaquent les quatre faces du piédestal. On remarque le portrait d'un bouffon nain aimé du duc.

Il faut signaler encore, sur cette place si riche, le palais Uguccioni, dont l'architecture est attribuée à Raphaël, pour son style suave et pur, qui est bien celui du maître, et le toit des Pisans, charpente historique que les Florentins firent exécuter aux Pisans prisonniers en signe d'abjection et de mépris, et qui recouvre l'hôtel des postes, aux barreaux duquel se presse, sous les bannes de sparterie, une foule nombreuse d'étrangers venant demander leurs lettres, d'après l'ordre alphabétique de leur nom. C'est aussi dans un coin de cette place que se trouve l'hôtel des diligences, avec son va-et-vient perpétuel de voitures.

Mais voilà assez de descriptions de statues et de palais; prenons une calèche et rendons-nous aux Caschines, les Champs-Élysées de Florence, pour voir des figures humaines et nous reposer du marbre, de la pierre et du bronze.

III

Le type florentin diffère essentiellement du type lombard et du type vénitien. Ce ne sont plus ces lignes régulières et pures, cet ovale un peu épais, ces riches attaches du col, cette heureuse sérénité de la forme, cette parfaite santé du beau, qui vous frappent dans les rues de Milan, où, comme le dit si bien Balzac, les filles de portière ont l'air de filles de reine. On ne comprendrait pas à Florence cette superbe épitaphe païenne de nous ne savons plus quel comte dont la tombe portait pour toute inscription : *Fis bello a Milanese* ; la grâce voluptueuse, et la gaieté spirituelle de Venise sont absentes d'ici.

Les figures n'ont pas à Florence le caractère antique qui subsiste encore dans le reste de l'Italie après tant de siècles écoulés, d'invasions successives, un changement si radical de mœurs et de religion : elles sont visiblement plus modernes ; s'il n'est pas permis de se méprendre, sur le boulevard de Gand, à un Napolitain ou à un Romain de pure race, un Florentin peut passer inaperçu parmi des Parisiens ; ce violent cachet méridional qui fait reconnaître les autres Italiens ne le trahira pas. Il y a plus de caprice, plus d'inattendu dans les traits des hommes et des femmes de Florence ; la pensée, les préoccupations morales laissent sur leur face des sillons appréciables, et en bouleversent les méplats avec une irrégularité à laquelle gagne l'expression.

Les femmes de Florence, moins belles que les Milanaises, les Vénitiennes ou les Romaines, sont plus intéressantes et parlent davantage à l'idée ; elles plairont surtout à l'écrivain psychologue ; leurs yeux sont voilés de mélancolie, leur front est parfois rêveur, et quelques-unes offrent cet air de vague souffrance, sentiment tout récent et tout chrétien, qu'on chercherait vainement dans la statuaire grecque ou romaine ; au milieu des têtes italiennes classiques, les têtes florentines sont bourgeoises dans le sens intime et favorable du mot ; elles n'expriment pas seulement la race, dans l'individu ; elles ne sont pas exclusivement humaines, elles sont sociales.

Les artistes florentins, André del Sarto, par exemple, n'ont pas cette beauté sereine du Titien, cette placidité angélique de Raphaël ; ils reproduisent un type à la fois plus humble et plus cherché ; on sent la réalité à travers leur idéal ; ils ne posent pas sur leurs figures ce masque de régularité générale dont abusent quelquefois les autres grands maîtres italiens ; ils risquent plus souvent le portrait dans leurs compositions et ne craignent pas de traverser une certaine laideur pour arriver au caractère. En voyant leurs œuvres, on peut comprendre comment quelques-unes de leurs têtes, assurément moins belles que les types des peintres de Venise ou de Rome, peuvent produire une impression plus pénétrante et plus durable.

Ces généralités qui souffrent de nombreuses exceptions, car il y a des têtes florentines régulières, sont le résultat d'observations faites dans les rues, dans les théâtres, à l'église, à la promenade ; le visage humain n'est-il pas aussi digne d'attention que l'architecture? le modèle ne vaut-il pas le tableau, et l'œuvre de Dieu, l'œuvre de l'art? Et si nous avons regardé trop attentivement quelque belle promeneuse sous le nez, elle n'a pas dû s'en fâcher plus qu'une colonne ou une statue : notre conscience de voyageur sera notre excuse.

L'endroit de Florence le plus favorable à ce genre d'étude, trop souvent oublié par les touristes épris d'antiquité ou d'art, est sans contredit la promenade des Caschines, où, de trois heures à cinq heures, afflue, en boghey, en tilbury, en phaéton, en américaine, en coupé, en landau et surtout en calèche, tout ce que la ville renferme de riche, de noble, d'élégant et même de prétentieux. Sur le fond florentin se dessinent de brillantes excentricités étrangères faciles à reconnaitre.

Les Caschines, dont le nom signifie *laiteries*, sont situées extra-muros, en dehors de la porte de Frato, et s'étendent, le long de la rive droite de l'Arno, dans un espace d'à peu près deux milles jusqu'à l'endroit où le Terzolle se jette dans le fleuve.

A travers des massifs de vieux et grands arbres tels que pins-parasols, chênes verts, liéges et autres espèces du Midi mélées à des essences du Nord, se dessinent des chemins sablés qui aboutissent à un rond point formant ce que les Espagnols appelleraient le salon de cette promenade fashionable.

Ces grandes masses de verdure que borde, d'une part, le gentil fleuve Arno, et, de l'autre, l'encadrement bleu des Apennins, dont on aperçoit les croupes lointaines piquées de points blancs par les villas et les hameaux, composent, sous cette belle lumière méridionale, un ensemble admirable et qu'il est difficile d'oublier. Les Caschines ont quelque chose de plus naïvement agreste que les promenades équivalentes de Paris et de Londres, et le concours de l'élégance étrangère ne leur ôte pas cette bonhomie italienne si gracieuse dans sa nonchalance. Une maison de campagne du grand-duc, très-simple et très-bourgeoise, est enfouie au milieu de cette fraîche verdure, que les peuples du Midi apprécient plus que nous, sans doute à cause de sa rareté. Nous avons retrouvé en Espagne les mêmes admirations pour les ombrages du parc d'Aranjuez, que le Tage arrose, et qui est rempli d'arbres du Nord.

Florence, il y a quelques années, surtout avant que les événements politiques eussent effarouché les touristes opulents, était comme le salon de l'Europe ; on y retrouvait en grand

> Tout ce monde doré de la saison des bains.

C'était là que se rendaient de tous les points de l'horizon les Anglais fuyant le brouillard natal, les Russes secouant la neige d'un hiver de six mois, les Français accomplissant le voyage à la mode, l'Allemand cherchant le naïf dans l'art, les cantatrices et les danseuses retirées du théâtre, les existences et les fortunes problématiques, les reines déchues, les jolis ménages unis à Gretna-Green ou tout simplement devant l'autel de la nature, les femmes séparées de leur mari pour une cause ou pour une autre, les grandes dames ayant fait un coup de tête, les princesses traînant à leur suite des ténors ou des jeunes gens à barbe noire, les dandys à demi ruinés par Bade ou Spa, les victimes du lansquenet et du crédit parisien, les vieilles filles rêvant quelque aventure incidentée, tout un monde interlope mêlé de beaucoup d'alliage, mais vif, spirituel, joyeux, ne cherchant que le plaisir et dépensant l'argent avec d'autant plus d'insouciance que le luxe italien est une économie relative.

Toute cette société fréquentait les bals hospitaliers du grand-duc, et s'amusait beaucoup. Cette espèce de tolérance générale qui faisait accepter tout individu se présentant bien, mis convenablement et recommandé par une lettre quelconque, introduisait bien quelque aigrefin et quelque aventurière dans ce salon cosmopolite; mais on en était quitte pour ne plus se saluer à Londres ni à Paris, et l'on jouissait dans la ville d'une liberté de bal masqué. Les intrigues et les amours allaient leur train sans trop de scandale; chacun était trop occupé pour avoir le temps de médire. D'ailleurs, accuser une femme d'avoir un amant eût semblé puéril; la médisance n'eût commencé qu'à deux, et la calomnie à trois.

La promenade aux Caschines était un des épisodes importants de la journée. Il s'y tenait une espèce de bourse d'amour où se cotaient les actions des femmes. Madame de B... est en hausse; madame de V... est en baisse; madame de B... a quitté le petit laron de L... pour le prince D...; madame de V... a été trahie pour une seconde chanteuse de la Pergola ; c'est grave! Les toilettes se discutaient et s'analysaient, plus négligemment cependant que partout ailleurs, car le plaisir était la grande affaire ; mais les filles d'Ève pensent toujours un peu à la découpure de la feuille de figuier qui enveloppe leurs charmes. Pourtant, — et cela tient sans doute à la vertu du climat,— on a vu aux Caschines des Parisiennes assez éprises pour n'être plus vaniteuses et ne regarder que leur amant.

Ce mouvement d'étrangers s'est un peu ralenti : cependant, les Caschines offrent encore, de trois heures à sept heures, selon la saison, un spectacle de la plus joyeuse animation.

Lorsque nous y arrivâmes en calèche, car il serait de mauvais goût de s'y montrer à pied, quoique la distance qui sépare les Caschines de la ville soit très-petite, l'assemblée était au grand complet ; il faisait beau, l'air était doux, et le soleil glissait quelques joyeux rayons entre de légers nuages pommelés.

Le rond-point des Caschines représentait un immense salon, dont les calèches arrêtées figuraient les canapés et les fauteuils. Les femmes, en grande toilette, se renversaient sur le fond de leur voiture, dont le devant était encombré de fleurs, avec toute sorte de poses méditées pour faire ressortir leurs avantages, et de grâces de Célimène à faire envie au Théâtre-Français.

Les amants en pied, les attentifs et les simples galants venaient rendre leur visite à la calèche de leur choix, comme on va voir dans sa loge une femme à l'Opéra, et causaient debout sur le marchepied.

C'est là que se décide l'emploi de la soirée, que s'imaginent les expédients, et que s'arrangent les rendez-vous, sans beaucoup de précaution ni de mystère; car nous n'avons guère trouvé de vestige de cette féroce jalousie italienne, si célèbre dans les mélodrames et les romans.

Les cavaliers se mêlent aussi à la conversation, du haut de leurs bêtes fringantes, qu'ils maintiennent en les excitant pour leur faire exécuter des courbettes, prouesses sans péril qui vous posent toujours un peu en héros aux yeux de la femme aimée.

Pendant ce temps-là, les bouquetières courent d'une voiture à l'autre ou assaillent au passage cavaliers et piétons avec leurs corbeilles aussitôt vidées que remplies. Elles pratiquent à la lettre la recommandation de Virgile :

...Manibus date lilia plenis.

Elles ont même l'air de les donner, quoiqu'elles les

vendent en réalité; on ne les paye pas sur-le-champ, mais on leur fait de temps à autre un petit cadeau d'argent ou d'autre chose; ce qui est plus gracieux pour la marchandise et la marchande, ces bouquetières étant ordinairement de jeunes et jolies filles, fleurs fraîches et jolies filles s'attirant par une harmonie naturelle.

Nous dessinerons, tout en gardant le secret des noms, quelques-unes des individualités féminines les plus remarquables. Une princesse russe (toutes les Russes sont princesses) trônait dans une superbe calèche doublée de velours violet et entourée de beaucoup d'adorateurs. Blanche comme la neige de son pays, les paupières brunies de khool, la lèvre rouge, le front encadré de cheveux ondés d'un blond marron devenu presque châtain sous le lustre des essences, couronnée d'une natte épaisse qui lui faisait comme un diadème sous l'auréole de son chapeau de dentelle, elle rappelait, par un certain air oriental et circassien, la fameuse *Odalisque* d'Ingres, popularisée par la lithographie de Sudre.

Les grandes dames russes ont, dans leur élégance, quelque chose de fastueux et de barbare, et dans leur pose, un calme impérieux, une nonchalance pleine de sérénité, qui leur viennent de l'habitude de régner sur des esclaves et leur composent une physionomie à part sous le vernis anglais ou français dont elles tâchent de se recouvrir. Celle-ci aurait eu l'apparence d'une Panagia grecque si, au lieu des arbres verts des Caschines, sur lesquels se détachait sa tête immobile, on eût placé derrière elle le fond d'or gaufré d'une triptyque. Sa main étroite et petite, chargée de bagues énormes, scintillait dégantée sur le rebord de la calèche, comme une relique constellée de pierreries qu'on tend au baiser des fidèles. Dans l'angle de la voiture se tenait, piteusement rencognée, une amie ou dame de compagnie de figure et de vêtements neutres, ombre résignée de ce brillant tableau. Autrefois, les blondes Vénitiennes se faisaient suivre par un nègre. C'était plus humain et d'un meilleur effet, au point de vue du coloris.

Dans une voiture anglaise, attelée de chevaux anglais, harnachés de harnais anglais, se tenait une Anglaise entourée d'une atmosphère anglaise apportée de Hyde-Park par un procédé que nous ignorons; les Caschines disparurent à nos yeux, la perspective bleuâtre des Apennins s'évanouit dans une brume soudaine, et la Serpentine river remplaça le fleuve Arno.

Un brusque contre-coup nous jeta de Florence à Londres, et nous sentîmes sous notre mince habit un aigre souffle de brise septentrionale. Nous cherchâmes machinalement sur le coussin de notre voiture un paletot absent, et pourtant cette femme était belle comme est belle une Anglaise réussie. — Jamais cygne plus blanc ne lissa son duvet de neige sur le lac de Virginia-Water dans les féeriques gravures des keepsake; c'était une de ces créatures idéales et vaporeuses dans sa grâce, un peu longues comme Lawrence en peint, comme Westall en dessine : col mince et flexible, cheveux d'or aux spirales allongées, pleurant comme des branches de saule autour d'un visage pétri de cold-cream et de rose; cils brillants comme des fils de soie sur des prunelles d'un vague azur. En regardant cette ombre transparente, qui digérait peut-être un large rumpsteack saupoudré de poivre de Cayenne, arrosé de sherry, on ne pouvait s'empêcher de penser à Cymbeline, à Perdita, à Cordelia, à Miranda, à toutes les poétiques héroïnes de Shakspeare. Deux adorables babys, un petit garçon fier et rêveur comme le portrait du jeune Lambton, une petite fille échappée sans doute du cadre de Reynolds où les enfants de lady Londonderry sont représentés cravatés d'ailes en manière de chérubin sur un fond de ciel bleu, occupaient le devant de la voiture et jouaient gravement avec les oreilles d'un king's-charles aussi pur de race que celui que Van Dyck a placé dans son portrait d'Henriette d'Angleterre.

Un cavalier, roide comme un pieu, irréprochable de tenue, gentleman frotté de dandy, monté sur un cheval de sang bai cerise, luisant comme du satin, les guides rassemblées dans sa main, le pommeau de son stick entre les lèvres, se tenait près de la voiture de l'air le plus ennuyé et le plus splénétique du monde ; il semblait ruminer un madrigal qui n'arrivait pas et qu'attendait la jeune femme avec une indulgente distraction.

Non loin de là causait avec un Sicilien une autre Anglaise d'un type tout différent, presque italianisé et doré par le tiède soleil de Florence ; une figure intelligente et fine, un beau front uni sous des cheveux noirs, une taille fluette pouvant porter la robe de la femme et le gilet de l'amazone ; espèce de Clorinde délicate, d'ange douteux, entre la jeune fille et l'éphèbe, de l'espèce de ceux dont mademoiselle de Fauveau aime à faire se déployer l'aile au-dessus de quelque bénitier de style moyen âge.

Une main de reine, un bras magnifique que le moulage a rendu célèbre nous fit reconnaître, au fond d'une voiture, une de nos anciennes amies parisiennes qui conserve à Florence, malgré un long exil, tout l'esprit et toutes les grâces qui faisaient rechercher ses mercredis de la rue du Mont-Blanc ; nous allâmes la saluer, heureux de trouver un visage ami parmi ces belles inconnues, et les questions voltigèrent à l'envi sur nos lèvres, elle parlant de Paris, nous de Florence.

A propos de Florence, nous nous apercevons que, dans cette galerie de portraits, nous n'avons pas mis de Florentines. C'est qu'il y en a, en effet, très-peu à Florence, et leur figure, dont nous avons essayé d'esquisser le type général, n'a pas cette espèce de beauté théâtrale qui se fait admirer de loin ; nous remarquerons seulement qu'elles portaient alors la taille très-basse et serrée dans des corsets longs d'une structure particulière qui se rapproche beaucoup des anciens corps français ; ce qui imprimait à leurs mouvements une certaine roideur gênée, contraire à la désinvolture italienne. Quelques-unes se font la raie sur le côté comme les hommes ; est-ce une coquetterie locale, ou le besoin de reposer des cheveux fatigués par le peigne ? C'est ce que nous ne saurions décider. Cette bizarrerie inquiète d'abord sans qu'on puisse s'en rendre compte et change beaucoup l'expression de la physionomie ; mais on s'y fait et l'on finit par y trouver une certaine grâce.

Pour réparer cette omission dans notre galerie, esquissons la belle tête de la signora***, Florentine pur sang, qu'on nous fit voir, au centre du rond-point, entourée d'une cour d'adorateurs. Ses grands yeux tranquilles et presque fixes, ses traits fermes et purs, sa bouche nettement découpée, les lignes puissantes et correctes de son cou, rappelaient cette Lucrezia del Fede tant aimée d'André del Sarto, et ces beaux portraits du Bronzino, qu'on ne peut plus oublier dès qu'on les a vus une fois, et qui résument le type florentin sous son plus noble aspect. Pourquoi faut-il que ces grands artistes dorment sous la tombe !

Nous étions en train de graver cette pure image dans notre mémoire lorsque nous vîmes toutes les têtes se tourner du même côté. Ce mouvement insolite était produit par l'entrée du jeune comte***, qui débouchait de la grande allée, conduisant lui-même, avec une grâce et une précision incomparables, un phaéton traîné par deux merveilleux petits chevaux noirs, d'une élégance, d'une prestesse et d'une docilité extraordinaires ; ce charmant attelage décrivit sur le sable du rond-point un cercle qu'un compas n'eût pas fait plus exact, et le comte, jetant les guides à son groom, sauta légèrement à terre et alla rendre ses devoirs à la belle Florentine dont nous venons tout à l'heure de crayonner les traits.

C'était un jeune Hongrois de vingt-deux ou vingt-trois ans, d'une beauté apollonienne, si souple, si dégagé, si svelte, si viril dans sa grâce féminine, que les plus robustes fatuités auraient baissé les armes devant lui. Aussi était-il le lion de Florence, — sans aucune allusion à la mauvaise gravure ainsi nommée! — il possédait les costumes nationaux les plus merveilleux : dolmans soutachés, vestes roides de broderies d'or, bottes de maroquin semées de perles, toques constellées de diamants et surmontées d'aigrettes de héron qu'il revêtait avec une complaisance charmante dans les soirées intimes pour satisfaire la curiosité féminine et un peu sa propre coquetterie, sans doute ; coquetterie bien permise, car le costume hongrois, malgré sa profusion d'ornements, est d'une élégance héroïque et martiale qui éloigne toute idée de dandysme ridicule. Les femmes, vaincues, avouaient avec plaisir qu'elles étaient laides à côté du beau Hongrois, et que leurs plus riches toilettes de bal n'étaient que haillons comparées à ces splendides vêtements ruisselants d'or et de pierreries.

Une apparition mystérieuse intrigua beaucoup aussi, à cette époque, la curiosité cosmopolite de Florence :

une femme seule, et du plus grand air, avait paru aux Caschines, allongée dans le fond d'une calèche brune, drapée d'un grand châle de crêpe de chine blanc dont les franges lui venaient presque jusqu'aux pieds, coiffée d'un chapeau parisien signé madame Royer en toutes lettres, et qui faisait une fraîche auréole à son profil pur et fin, découpé comme un camée antique, et contrastant par son type grec avec cette élégance toute moderne et cette tenue presque anglaise à force de distinction froide. Son cou bleuâtre, tant il était blanc, le rose uni de sa joue, son œil d'un bleu clair semblaient la désigner pour une beauté du Nord ; mais l'étincelle de cet œil de saphir était si vive, qu'il fallait qu'elle eût été allumée à quelque ciel méridional; ses cheveux, soulevés en bandeaux crêpelés, avaient ces tons brunis et cette force vivace qui caractérisent les blondes des pays chauds; l'un de ses bras était noyé dans les plis du châle, comme celui de la Mnémosyne, l'autre, coupé par un bracelet d'un effet tranchant, sortait demi-nu du flot de dentelle d'une manche à sabot, et faisait badiner contre la joue, du bout d'une petite main gantée, un camellia d'un pourpre foncé, avec un geste de distraction rêveur évidemment habituel : était-elle Anglaise, Italienne ou Française? C'est ce que nul ne put résoudre, car personne ne la connaissait. Elle fit le tour des Caschines, s'arrêta quelques instants sur le rond point, ne paraissant ni occupée ni surprise d'un spectacle qui semblait devoir être nouveau pour elle, et reprit le chemin de la ville.

Le lendemain, on l'attendit vainement, elle ne reparut pas. Quel était le secret de cette unique promenade? L'inconnue venait-elle à quelque rendez-vous mystérieux donné d'un bout de l'Europe à l'autre? voulait-elle s'assurer de la présence de quelque rivale auprès d'un infidèle? On n'a jamais pu le savoir. Mais l'on n'a pas encore oublié à Florence cette vision fugitive.

EL FERRO CARRIL

INAUGURATION DU CHEMIN DE FER DU NORD DE L'ESPAGNE

Mon cher éditeur,

Je vous écris de Villaréal, où je me suis arrêté, laissant le train filer vers Madrid *per amica silentia lunae*: car les merveilles de ce chemin qui escalade les montagnes méritent d'être vues de jour, et je ne vous parlerai cette fois que de la journée d'hier, de la journée officielle, de la journée d'inauguration, et ce sera bien assez de matière pour cette simple lettre, griffonnée à la hâte entre un départ et l'autre.

A Bordeaux, le convoi spécial qui menait les invités de la Compagnie se pavoisa de petits drapeaux tricolores et aux couleurs d'Espagne, jaune et rouge. La fête commençait. On traversa les Landes, qui, grâce à l'initiative de l'empereur, perdent leur antique stérilité et se couvrent de fermes, de plantations et de prairies. Bientôt cette immense tache de sable, si affligeante aux yeux et à l'âme, aura disparu de la carte de France. Un sahara traversé par le chemin de fer est une anomalie qui ne saurait durer longtemps. Quelques bergers montés sur des échasses, les derniers peut-être, regardaient passer les wagons en tricotant des bas.

On atteignit Bayonne, tout égayée par les vaisseaux et les barques pavoisés à l'occasion de la fête du 15 août. Rien de plus joyeux que cet éclatant bariolage se détachant d'un ciel pur.

A Irun, une colonne peinte en granit rouge, ornée d'écussons et de flammes aux couleurs d'Espagne, marquait la frontière délimitée par la Bidossoa. Là, le train, en personne bien élevée, prit la tenue d'étiquette, car on allait au-devant d'un roi, maintenant hôte de notre empereur. Un gigantesque hangar, divisé en boxes de toilette par des cloisons de percaline verte, abrita cette transformation à vue. Cette pose simultanée de six cents habits noirs et d'autant de cravates blanches est un effet imprévu d'extrême civilisation et peut donner l'idée des changements qu'amèneront dans la vie moderne les prodigieuses inventions de la science.

Aller d'Irun à Saint-Sébastien, ce n'est pour une locomotive que l'affaire de quelques tours de roue et de quelques flots de fumée. Aussi nous voilà à Saint-Sébastien, dans une gare ornée pour la cérémonie. Des mâts, supportant des écussons blasonnés aux armes des provinces d'Espagne et autour desquels jouent des banderoles jaunes et rouges déroulées par une fraîche brise de mer, forment une sorte d'allée triomphale conduisant à l'estrade de Sa Majesté don François d'Assise et à l'autel où doit officier l'évêque chargé de bénir les deux locomotives, celle d'Espagne et celle de France, venant au-devant l'une de l'autre et se rencontrant pour la première fois. Ces estrades, qui se font face, sont tapissées de magnifiques tentures en velours cramoisi à galons, crépines et torsades d'or; de petits génies dorés portant des attributs complètent l'ornementation.

Des tribunes disposées de chaque côté de la gare offrent le charmant spectacle de toutes les jolies femmes de la ville et des environs, sans compter celles qui sont venues de Madrid, en brillante toilette où la grâce espagnole se concilie si heureusement avec les exigences de la mode.

Une salve d'artillerie, à laquelle répond le canon des forts répercuté par les échos de la rade, annonce l'ar-

rivée du roi, qui prend place sur l'estrade vis-à-vis de
l'autel, avec les infants don Sébastien, don Enrique,
Leurs Excellences les ministres du *fomento* et de la
gobernacion, le marquis del Duero, le marquis de la
Habana, MM. Émile et Isaac Péreire, Édouard Delessert,
et autres personnages de distinction. Le roi portait le
grand cordon de la Légion d'honneur.

Après la bénédiction des machines, M. Isaac Péreire,
président du conseil d'administration pour le chemin
de fer du Nord de l'Espagne, a adressé à Sa Majesté un
discours plein d'idées remarquables, où il a fait ressortir les avantages de cette ligne, qui resserre les
liens d'amitié entre les deux pays en supprimant les
obstacles de la nature. Sa Majesté don François d'Assise
a répondu à M. Isaac Péreire avec l'affabilité la plus
gracieuse.

Ensuite le cortége se dirige vers la salle du banquet
offert par l'administration à ses invités et dressé sous
une vaste tente dont les draperies sont relevées de
façon à laisser voir l'admirable spectacle de la rade
creusée comme une coupe dans un immense bloc de
roche.

Pendant le banquet, dont le service se fait par des
domestiques en habit noir et de belles filles vêtues de

blanc, des régates s'exécutent dans la rade, et les péripéties de la lutte intéressent et amusent les conviés sans leur faire perdre un coup de dent. Des détonations d'artillerie et des fanfares de musique basque proclament les vainqueurs.

Après le banquet, Sa Majesté et sa suite continuent leur route vers la France, où retournent aussi un certain nombre d'invités. D'autres, profitant de l'occasion gracieusement offerte par la Compagnie de faire un tour sur cette romantique terre de l'Espagne, objet de tant de rêves, restent à Saint-Sébastien, où ils vont attendre que le train pour Madrid reparte, ceux-ci méditant une excursion à Tolède, ceux-là une visite à la cathédrale de Burgos, d'autres un pèlerinage à l'Escurial ou une partie à Aranjuez. Quelques audacieux parlent de Grenade, de Cordoue et de Séville; mais il faut être rentré le 25 août, problème difficile à résoudre.

En attendant, on se répand dans Saint-Sébastien, charmante ville qui a bien le cachet espagnol, avec sa place à arcades où se font les courses de taureaux et dont les maisons ont des fenêtres numérotées comme des loges de théâtre; ses rues dallées où se projettent les miradores et les balcons d'où pendent des tapis et des tentures en l'honneur de la fête, et ses églises de style *plateresco*, aux grands retables dorés dont la richesse étonne. Une population pittoresque et vêtue pour la cérémonie de ses plus beaux habits, un mouvement inaccoutumé de troupes, de cavaliers, de voitures, d'omnibus, de tartanes et de toute sorte de véhicules animent Saint-Sébastien, d'ordinaire plus paisible, et qui, accoudé sur le parapet de ses remparts, regarde le bleu intense de la mer se rayer de barres d'argent.

Nous aurions envie de citer les noms des hommes d'État, des gens de lettres, des artistes, des savants invités à cette fête internationale; mais, pour cela, il faudrait que le critique eût près de lui, comme les patriciens de Rome, un nomenclateur connaissant toutes les figures et tous les noms; et puis comment choisir parmi cette foule où chaque individu est célèbre à un titre quelconque? Un dénombrement plus long que ceux d'Homère n'y suffirait pas.

II

La cérémonie terminée, Sa Majesté don François d'Assise continua sa route vers Paris, où retournèrent par le même train un grand nombre d'invités. Les autres, désirant, comme je l'ai dit déjà, mettre à profit la gracieuse facilité offerte par la Compagnie de visiter un bout d'Espagne, attendirent le départ du convoi, qui se dirigea vers Madrid à travers ces Pyrénées difficiles même aux voitures, et jusqu'ici réputées infranchissables pour les locomotives. Ils attendirent un peu longtemps, maugréant avec l'impatience française; mais enfin le sifflet à vapeur poussa son cri aigu, et une brusque secousse, répétée de wagon en wagon, fit sentir la puissante traction des machines. On était parti.

Nous n'avons pas besoin de dire que nous faisions partie de ce train. Outre sa patrie naturelle, chaque homme a une patrie d'adoption, un pays rêvé où, même avant de l'avoir vu, sa fantaisie se promène de préférence, où il bâtit des châteaux imaginaires qu'il peuple de figures à sa guise. Nous, c'est en Espagne que nous avons toujours élevé ces châteaux fantastiques, pareils à des desseins de Victor Hugo. Plusieurs voyages réels n'ont pas fait évanouir les mirages de notre imagination, et nous sommes prêt à marcher en avant lorsqu'on prononce ce mot magique : Espagne !

Faut-il l'avouer, au risque de nous faire comparer à l'homme fossile trouvé dans le guano, et de nous attirer le mépris de tous les partisans du progrès et de l'utilité? Commodément assis sur les coussins élastiques d'un large wagon, nous regrettions un peu l'ancien *correo* avec ses dix mules attelées deux par deux, son *delantero* qui ne quittait pas la selle de Bayonne à Madrid, son *zagal* courant à pied le long de l'attelage et jetant des cailloux aux bêtes paresseuses, son *mayoral* fier de sa veste aux coudes bariolés, ses *escopeteros* juchés sur l'impériale et mettant bien leurs tromblons en évidence, son perpétuel carillon de grelots, son bruissement de ferraille et sa mousqueterie de coups de fouet. On pardonnera, nous l'espérons, ces sentiments rétrogrades à un vieux romantique de 1830, amoureux fou de couleur locale, qui a vu l'Espagne lorsque la guerre civile finissait à peine et qu'il y avait peut-être un certain péril à vérifier par ses propres yeux l'exactitude d'*Hernani* et de *Don Paëz*.

Cette impression d'ailleurs dura peu. L'étrange beauté des sites que traversait la voie ferrée l'effaça bien vite, et la hardiesse de ce travail surhumain remplaça par une légitime solidarité d'orgueil les vieilles rêveries poétiques.

On passait à travers des vallées dont les pentes boisées gardaient, malgré les feux de l'été, une fraîcheur admirable. Des groupes de maisons se détachaient çà et là, et le regard plongeait dans des villages rapidement entrevus. Bientôt la nuit vint; au jour doré succéda un jour bleu; car il y avait clair de lune, et de larges nappes d'argent s'étendaient sur les prairies comme les voiles de Diane qu'on aurait mis sécher. Les arbres se glaçaient d'azur et de violet et projetaient des ombres nettes comme celles que produit la lumière électrique.

Le chemin montait sensiblement, et la machine, pour entraîner le convoi, semblait donner de grands coups de collier: on attela une locomotive de renfort et l'on continua à gravir des pentes qu'on aurait jugées autrefois impossibles. Seulement, les remblais devenaient de plus en plus hauts, les tranchées de plus en plus profondes, et le train s'engloutissait à espaces de moins en moins éloignés dans la gueule noire des tunnels, traversant, comme un nageur une vague qu'il ne peut surmonter, une ondulation de montagne. C'était vraiment fantastique à ce clair de lune coupé de lumières vives et de brusques ombres.

Un de nos compagnons de voyage avait rencontré à un temps d'arrêt un ingénieur de la ligne, ancien ami de collège, qui nous fit une proposition bien séduisante, celle de laisser le train filer vers Vitoria et de nous arrêter à Villaréal, où il nous donnerait une hospitalité non pas écossaise, mais toute française, dans la maison qu'il habitait avec deux autres ingénieurs.

Nous acceptâmes cordialement ce qui était cordialement offert. La couchée à Vitoria était assez problématique ; nous connaissions de longue main les ressources de la ville, et le nombre des dormeurs était visiblement plus grand que celui des lits dont pouvaient disposer, même en les dédoublant, les fondas, posadas et paradores de l'endroit. Bien que nous ne soyons pas de ces voyageurs qui se lamentent à propos d'un mauvais repas, nous ne dédaignons pas, quand elle se présente naturellement, la perspective d'un bon souper, et cela nous souriait fort de ne pas nous trouver confondu parmi la troupe des touristes faméliques.

A la station de Villaréal nous attendait une calèche attelée de deux mules endiablées, qui partirent d'un élan si brusque, qu'elles faillirent nous jeter au fond d'un ravin, et que ce ne fut pas sans quelque appréhension que nous les vîmes franchir au triple galop un pont dénué de garde-fous. En quelques minutes de ce train, nous atteignîmes la maison où nous devions passer la nuit ; elle avait fort belle apparence aux rayons de la lune qui en blanchissaient la façade antique, où se découpait l'ombre d'un toit à forte projection. Un torrent descendant de la montagne en baignait l'angle. On y pénétrait par ce large vestibule-écurie des vieilles maisons espagnoles, autrefois toujours encombré de mules, d'ânes et de chevaux, et que l'extension des chemins de fer va bientôt rendre inutile. L'escalier franchi, nous fûmes introduits dans une immense salle dont un architecte moderne ferait un appartement complet, et que l'ingéniosité des maîtres du logis avait divisée en trois zones idéales, l'une servant de salle à manger, l'autre de salon, et la troisième de cabinet d'étude.

Après les ablutions indispensables pour nous débarrasser de la poussière internationale tamisée sur nos mains et notre visage, on se mit à table. Malgré le banquet de Saint-Sébastien, l'appétit ne manquait à personne. La première faim apaisée, la conversation s'engagea, instructive et charmante. Nous dîmes ce que nous savions de Paris. Pressés de questions, les ingénieurs, avec une simplicité et une modestie du meilleur goût, parlèrent de ce gigantesque travail, digne des Titans, qu'ils venaient d'achever et qu'ils avaient *livré* la veille, disaient-ils, comme s'il s'agissait d'une marchandise ordinaire. Dix-huit mois avaient suffi pour accomplir cette entreprise herculéenne. La montagne, attaquée à la fois dans tous les sens, n'avait pu résister plus longtemps; les remblais s'élevaient, les viaducs enjambaient les vallées, les tunnels se perçaient, les rocs volaient en éclats sous les efforts de la mine, le ballast se posait, les rail-ways s'ajoutaient bout à bout. Dans ces solitudes presque inaccessibles fourmillait une armée de douze mille travailleurs de toutes nations, qu'il fallait nourrir, abreuver, loger, pourvoir des nécessités de la vie, et qui, bien que sobres pour la plupart, ne se contentaient pas des oignons dont se payaient les ouvriers des pyramides d'Égypte.

Tout ce monde s'abritait sous des tentes, dans des baraques formant des camps pacifiques, et l'ordre y était maintenu par des chefs choisis entre les plus braves et les plus populaires des travailleurs.

Le lendemain même, les ingénieurs allaient quitter cette maison où ils avaient passé deux ans, pour aller s'installer de nouveau dans quelque contrée lointaine et recommencer un miracle analogue. Ils étaient jeunes tous trois, et poseront encore bien des kilomètres de chemins de fer.

Une course de taureaux devait avoir lieu le jour suivant à Vitoria. Nos hôtes, usant des magies de la science, télégraphièrent, au maître de la fonda de Pollarès, de nous retenir une loge et de nous garder des chambres. Notre avenir était assuré, et, bien qu'il fût l'heure de gagner nos lits, nous restâmes longtemps encore à fumer, à causer et à regarder par le balcon la vue admirable qui se déployait devant nos yeux. Les maisons du bourg tranchaient sur le fond de montagnes violettes, et la lune resplendissait comme un bouclier d'argent mat au milieu d'un ciel nacré. Le chemin, inondé de lumière, avait l'éclat miroitant d'un cours d'eau, et on l'eût pris pour un torrent, sans quelques groupes d'amoureux qui se poursuivaient en poussant un cri de ralliement bizarre.

Nous devions nous rendre à Vitoria par l'ancienne route de terre. Deux légères calèches attelées de mules avaient été frétées pour le voyage; nous déjeunions encore, qu'elles nous attendaient à la porte, nous avertissant de leur présence et nous engageant à nous hâter par un joyeux bruissement de grelots. Avant d'y monter, nous jetâmes un regard à la maison hospitalière que nous n'avions fait qu'entrevoir aux heures nocturnes, car il faut graver dans sa mémoire la figure des lieux où l'on a passé des heures agréables : les instants de bonheur sont si rares !

Le logis avait au soleil un aspect robuste, vénérable et seigneurial. Les arêtes de ses murs de granit semblaient taillées d'hier. Son toit de tuiles s'avançait comme un auvent sur des poutres curieusement sculptées. On devinait une richesse ancienne aux serrureries compliquées du balcon et des fenêtres, et au-dessus de la porte s'étalait fièrement un blason gigantesque aux énormes lambrequins, disant qu'une noble famille, aujourd'hui disparue sans doute, avait jadis habité là. Mais ce qui nous frappa le plus, ce fut une grave et mystérieuse inscription castillane incisée dans le granit en grandes lettres lapidaires, un peu au-dessous des armoiries : *La maledicion de la madre abrasa, destruye y desraiz los hijos y la casa.* (La malédiction de la mère brûle, détruit et déracine les enfants et la maison.) A quelle circonstance inconnue pouvait faire allusion cette légende d'une mélancolie solennelle et fatidique ?

Pour éclaircir ce mystère, le temps nous manquait ; il fallait arriver à Vitoria au plus tard à trois heures et demie, car la course commençait à quatre heures, et nous avions une douzaine de lieues, au moins, à faire à travers les montagnes.

Les mules partirent au grand galop, fouaillées et bâtonnées à tour de bras, quoique leur ardeur n'eût guère besoin de ce stimulant; mais c'est l'usage espagnol, et jamais postillon n'y ferait faute.

Nous traversions un pays magnifiquement pittoresque, ayant à droite et à gauche des montagnes, des vallées, où coulaient, presque taris sur leur lit de pierres blanches, dont ils n'occupaient que la moitié, des torrents et des ruisseaux sans doute formidables en hiver. Des maisons aux toits de tuiles, aux étroites fenêtres, bâties avec les cailloux des torrents, rappelaient à propos la présence de l'homme et faisaient des taches harmonieuses sur les fonds verts ou bleutés du paysage.

Nous descendîmes d'un train d'enfer la *Descarga*, cette pente dont sept ou huit lacets qui forment la route atténuent à peine la roideur presque perpendiculaire. C'était pour notre part la troisième fois que nous opérions cette dégringolade sans balancier; nous arrivâmes au bas de la montagne avec nos membres intacts, chose étrange! Il est vrai, par compensation, que nous versâmes plus loin sur une route parfaitement plane, de la façon la plus douce du monde.

Ce n'est pas le tout de descendre, il faut remonter, car tout vallon a deux versants. Pour gravir la pente escarpée de Salinas, dont nous apercevions sur un renflement de colline les toits rouges, les vieilles maisons et l'église à clocher carré, on accrocha des bœufs au-devant des mules. Seules, ces patientes, bonnes et robustes bêtes pesant de toute la force de leur front sur le joug, peuvent enlever et retenir les voitures, qui, sans leur secours, rouleraient au bas de la montagne comme au bas de montagnes russes.

Les bœufs aiguillonnés, les mules fouaillées parvinrent enfin au plateau culminant, où se reposaient d'autres couples de bœufs, prêts à redescendre pour une autre ascension.

De cette place, si l'on se retourne, on aperçoit un spectacle splendide : les montagnes de la province de Guipuscoa s'étageant les unes derrière les autres avec des couleurs mordorées, violettes, bleues, fumée de pipe.

A partir de là, le pays devient moins pittoresque. La route s'allonge poussiéreuse entre des sites assez tristes et maussades, rencontrant parfois un village chétif et d'aspect ruiné. On est dans la province d'Alava.

Bientôt une longue allée d'arbres se présenta, sillonnée de chars à bœufs, de diligences et de voitures. Une silhouette hérissée de clochers se dessina à l'horizon : c'était Vitoria. Trois heures et demie sonnaient à tous les campaniles. Nous arrivions à temps pour la course.

N'est-ce pas bizarre d'entrer en poste dans une ville où aboutit un chemin de fer, et cela, avec les ingénieurs de la ligne?

III

Vitoria, que nous avions vue en 1840 si morne, si triste et si déserte, était en proie à une animation extraordinaire. Une population nombreuse, parée de ses habits de fête, circulait dans les rues, et devant la fonda de Pollarès bourdonnaient, comme des abeilles devant une ruche trop pleine, des essaims de touristes.

Nous réparâmes succinctement le désordre de notre toilette dans les chambres qu'on nous avait gardées à grand'peine, et nous sortîmes sans demander le chemin de la place des taureaux : la foule marchant toute dans le même sens l'indiquait assez.

L'arène se trouvait à une faible distance de la fonda. Comme celui de toutes les places de taureaux, son aspect n'avait rien de monumental. Un vaste mur circulaire blanchi à la chaux et percé de portes donnant accès aux *palcos*, aux *tendidos* et aux *asientos de barrera* ou servant aux besoins de la place, c'était tout. Il est singulier que l'Espagne, qui pousse jusqu'à la passion le goût des courses de taureaux, n'ait jamais songé, même dans ses principales villes, à élever avec des matériaux solides un amphithéâtre digne de ce nom. L'antiquité a pourtant laissé d'excellents modèles en ce genre, et leurs restes sont encore assez considérables pour servir de guide aux architectes modernes. Comment le pays qui seul conserve la tradition des jeux sanglants du cirque, n'a-t-il pas encadré ces scènes émouvantes dans un cercle d'arcades et de colonnes, et fait asseoir le public des derniers gladiateurs sur des bancs de marbre ou de granit? Un amphithéâtre est pourtant un admirable thème d'architecture. Le Colisée, les cirques de Vérone, d'Arles, de Nîmes et d'Italica, le prouvent abondamment.

Nous avions pris une loge de *sombra*; mais le soleil y dardait encore ses rayons, et la projection d'ombre qui séparait l'arène en deux zones, l'une bleuâtre et relativement fraîche, l'autre jaune et absolument torride, ne devait la gagner que dans une demi-heure. Ce petit contre-temps ne nous émut pas beaucoup. Le sacrifice de notre teint était fait, et une couche de hâle, en plus ou en moins, sur notre masque fauve comme du cuir de Cordoue ne devait pas avoir grande influence sur nos agréments physiques. D'ailleurs, dans la loge voisine de la nôtre, de jeunes señoras blondes n'avaient d'autre bouclier contre les rayons de l'astre que leur éventail ouvert sur le coin de l'oreille et paraissaient supporter fort stoïquement la chaleur. Dans le fond de cette loge se tenait un curé en costume ecclésiastique. Sans doute, comme la *funcion* se donnait pour la fête de la sainte Vierge, il croyait devoir y assister. Nous ne nous souvenons pas d'avoir vu un prêtre à aucune des nombreuses courses dont nous avons été témoin. Peut-être notre mémoire nous trompe-t-elle, car personne ne semblait remarquer la présence de celui-ci.

C'était la troisième journée de la *funcion*, et l'affluence n'était pas moins grande. A part quelques gradins où le soleil versait plus particulièrement ses cuillerées de plomb fondu, le vaste entonnoir, du rebord de la barrière jusqu'au fond des loges, disparaissait sous une foule bigarrée et fourmillante. Un ouragan de bruit s'élevait de ce tumulte de formes et de couleurs; il y avait là des bérets basques, des *sombreros calañes*, des casquettes aragonaises, des *gorras* à la mode de Catalogne, des vestes de peau d'agneau, des jaquettes marseillaises brodées en drap de couleur, des mantilles à bord de velours, des châles jonquille historiés d'oiseaux, des jupes en drap jaune-serin, le tout mêlé d'une incessante palpitation d'éventails bleus, verts, roses, chamarrés d'enluminures grossières, et qui semblaient les papillons de ce parterre humain.

Les *aficionados* avaient apporté, se méfiant de la puissance de leurs poumons, tout un orchestre de vacarme : porte-voix en fer-blanc, sonnettes d'ânes-colonels, grappes de grelots, cornets à bouquin, tambourins, crécelles, tout ce qui peut jeter dans le tapage une note aigre, rauque ou discordante; car le bruit est un élément de la joie, et l'on ne s'amuse guère en silence.

Sur les gradins vides étaient venus s'asseoir des soldats de la garnison alignés militairement; et, non loin des soldats, nous remarquâmes une petite compagnie d'enfants vêtus de jaquettes bleues uniformes, qu'on nous dit être les enfants trouvés.

Le spectacle allait commencer, et déjà sonnait la grêle fanfare accompagnée de tambourin qui annonce l'entrée de la *cuadrilla*. Parmi les invités arrivés de France par le train d'inauguration, la plupart n'avaient jamais vu de courses de taureaux, et quelques-uns n'étaient pas sans inquiétude sur la fermeté de leurs nerfs, en présence des chutes, des éventrements, des cascades d'entrailles, des mares de sang, qui, pour les étrangers, forment le côté odieux de la course.

Il faut quelque habitude de la place pour devenir sensible au côté héroïque de la lutte, à la correction et à la maestria des estocades.

Rien de plus élégant, de plus fier et de plus noble que l'entrée de la cuadrilla, et ce spectacle charma les touristes novices. D'abord les *chulos* s'avancèrent, la cape sous le bras, dans leur leste costume de Figaro, en escarpins, bas de soie rose, culottes de tricot, gilet et veste de couleur vive, chamarrés d'autant de broderies, de passequilles, d'aiguillettes, de franges, de torsades, de boutons en filigrane d'or ou d'argent que l'étoffe en peut supporter, la taille assurée d'une large ceinture de soie à plusieurs tours, coiffés de la coquette *montera* penchée sur l'oreille; puis vinrent les *picadores* à cheval, avec leurs épais pantalons de buffle, intérieurement bardés de fer jusqu'à mi-cuisse, leur courte veste si chargée d'ornements métalliques, qu'elle pèse autant qu'une cuirasse et pourrait au besoin amortir un coup de corne, leur ceinture à plis redoublés enveloppant le buste presque de la hanche aux aisselles, leur grand chapeau qui rappelle un peu celui de nos forts de la halle, et la *vara* ou lance, leur unique arme défensive, terminée par une pointe dont la longueur est déterminée.

Les chulos sont les troupes légères de la course; les picadores en sont les hoplites. Ils reçoivent, immobiles, le premier choc de l'ennemi, qu'ils ne peuvent ni fuir ni poursuivre. Ensuite apparurent dans toute leur gloire les deux *espadas* el Gordito et Mendivil, l'épée et la *muleta* sous le bras, avec la contenance, fière et modeste à la fois, convenable à de hardis compagnons qui vont risquer leur vie pour mériter les applaudissements d'un public difficile.

Derrière eux marchait un petit homme de tournure sinistre et mystérieuse, tout de noir habillé. C'était le *cachetero*, dont la fonction est d'abréger l'agonie du taureau, lorsqu'il ne meurt pas sur le coup au moyen du *cachete*, espèce de poignard qui tranche la moelle épinière.

Le cortége se terminait par un attelage de mules rétives, que maintenaient à grand'peine trois ou quatre garçons de place. Les mules étaient chargées de plumets, de pompons, de houppes, de grelots et de fanfreluches de couleurs éclatantes à ne pas laisser voir le cuir du harnais. De petits drapeaux aux couleurs d'Espagne étaient piqués sur leurs colliers suivant l'usage et donnaient à l'attelage un air de fête contrastant avec son emploi lugubre, qui est de tirer hors de l'arène les cadavres des bêtes mortes, taureaux et chevaux.

La cuadrille alla, selon l'étiquette de la place, demander la clef du *toril* au gouverneur de la province, qui présidait la course. Les picadores se mirent en arrêt près des *tablas*; — on appelle ainsi la barrière de planches qui entoure le cirque, laissant entre elle et l'estrade circulaire, où commence le premier rang des spectateurs, un couloir, lieu de refuge pour les *toreros* trop vivement poursuivis. — Les *chulos* se dispersèrent dans l'arène comme une nuée de papillons, secouant leurs capes de percaline glacée rose, bleue, vert-pomme, jaune-paille; le garçon de service ouvrit la porte du toril en se faisant un bouclier du battant renversé sur lui, et le taureau, après quelques hésitations, s'élança dans la place.

Il n'aperçut pas tout de suite les picadores encastrés

dans leurs hautes selles, presque debout sur leurs étriers moresques et la lance arc-boutée sous le bras aussi solidement que si elle eût eu pour point d'appui le faucre des cuirasses du moyen âge. Les chulos, qu'il poursuivit quelques pas, le capéèrent et le ramenèrent du côté des picadores. Le taureau, avisant cette masse immobile, fondit dessus, et, malgré la douleur que lui fit à l'épaule la pointe de la vara, il força la défense et arriva jusqu'au cheval, qu'il bouscula en désarçonnant à demi le cavalier.

Jusque-là, tout allait bien pour les nerfs des spectateurs novices et sensibles; mais un coup de corne enfoncé dans le poitrail de la monture du second picador en fit jaillir un flot de sang noir que nous ne saurions mieux comparer qu'au jet de vin violet s'épanchant d'une outre crevée. Le cheval fut vidé presque en un instant et s'affaissa, agitant ses sabots en de faibles ruades. A peine avait-on eu le temps d'enlever le picador et de le poser sur une autre bête.

Plus d'un honnête visage français pâlit et se décomposa, plus d'un front se couvrit de sueur froide, et l'un de nos compagnons quitta la loge, un flacon de sels sous le nez : une minute de plus, il serait tombé en syncope. Les autres restèrent, et, bien que deux ou trois chevaux décousus, dont les entrailles brimbalaient sous le ventre comme des besaces, leur inspirassent une répulsion mal surmontée, ils finirent par s'intéresser à la course et à se passionner pour les *toreros*.

Nous ne décrirons pas une à une les péripéties de la course. Malgré leur inépuisable variété, elles sont toujours les mêmes. La course se divise en trois actes, séparés chacun par une fanfare. On pourrait les intituler la Lance, les Banderilles, l'Épée. Après avoir reçu quelques coups de vara et tué quelques chevaux, le taureau, dont la furie décroît visiblement, est ravivé par les *banderillas* que lui implantent dans le garrot les légers *chulos*. Quand sa rage est suffisamment excitée, l'*espada* se présente, se piète devant lui, l'agace et le trompe par des jeux de *muleta* (morceau d'étoffe rouge soutenu d'un court bâton), et, au moment où la bête penche le mufle, lui enfonce le glaive entre les deux épaules, à l'endroit qu'on appelle la croix. Voilà le programme de la pièce, suivi avec une exactitude à laquelle nous n'avons jamais vu faire une dérogation. Rien ne l'interrompt, pas même une mort d'homme, cas infiniment rare, et qui pourtant s'était produit, nous dit-on, à la première des trois courses de Vitoria, un picador s'étant luxé l'épine dorsale dans une chute violente. C'était pour cela que les *toreros* avaient des ceintures noires, portant de cette manière le deuil de leur camarade, dont l'enterrement s'était fait le matin. Ils n'en étaient pas moins braves et hardis.

Nous connaissons presque toutes les célèbres épées d'Espagne, depuis Montès le jamais assez loué, dont aucun *torero* n'a dépassé encore l'adresse, le courage et la popularité. Nous avons vu Cucharès, el Chiclanero, José Parra, les frères Labi, Cayetano Sanz, el Tato ; mais el Gordito nous était inconnu.

C'est un beau jeune homme de physionomie agréable, souriante et douce, qu'un commencement d'embonpoint qui ne nuit en rien à sa grâce et à sa légèreté a fait surnommer ainsi (*gordito* signifie grassouillet). Il portait, ce jour-là, un magnifique costume violet agrémenté d'argent et qui lui seyait à merveille.

Comme Montès, el Gordito excelle dans l'art de manœuvrer le taureau avec la cape. C'était même sa spécialité, il n'y a pas longtemps encore, et il l'a poussée aussi loin que possible. Il a un sang-froid admirable en face de la bête, et son courage va jusqu'à l'insolence ; il s'assoit sur une chaise vis-à-vis du taureau et se croise les bras, défiant le monstre stupéfié de tant d'audace. Comme si ce n'était pas assez, il retourne la chaise et présente le dos aux cornes, épiant à peine d'un coup d'œil par-dessus l'épaule les mouvements de la bête. Quand il se lève et s'en va, on peut juger du sort qui attendait l'homme, à l'état de la chaise aussitôt mise en pièces.

Cette prouesse nous a rappelé une des planches de *la Tauromachie* de Goya, où l'on voit Pedro Romero, une des gloires de l'ancien cirque, tuer le taureau, assis, les fers aux pieds, et n'ayant pour *muleta* que son chapeau. El Gordito est aussi une très-bonne lame; ses coups ont de la certitude et de la régularité.

Mendivil, l'autre espada, nous a frappé par une bizarrerie dont nous ne connaissons pas d'exemple; il se servait d'une *muleta* verte, malgré la propriété qu'on attribue au rouge d'irriter les bœufs et les taureaux.

Somme toute, la course fut ce que les Espagnols appellent *regular*. Les hommes et les taureaux firent bravement leur devoir, sauf une bête pacifique qui fit réclamer les banderilles d'artifice (*banderillas de fuego*) qu'on n'accorda pas, avec des vociférations, des trépignements et un tapage dont on n'a pas l'idée. Quelques-uns des plus enragés mettaient le feu à leurs éventails pour faire comprendre par une image leur parole qu'on n'entendait pas au milieu de ce triomphant vacarme. Comment cette légère construction de charpentes, aussi combustibles que des allumettes, ne fut-elle pas incendiée par toutes ces flammèches? C'est un véritable miracle.

Le dîner à la fonda de Pollarès, quoique partagé peut-être entre un trop grand nombre de convives, ne fut pas aussi mauvais que plus d'une correspondance l'affirme, et c'était un joyeux spectacle que de voir cette longue table aussi garnie d'hôtes, sinon de mets, qu'un des gigantesques *repas* de Paul Véronèse.

Une illumination des plus brillantes permettait de voir dans la rue comme en plein jour les figures et les toilettes des jolies femmes. Après avoir bien joui du coup d'œil, nous suivîmes la foule qui se portait vers le feu d'artifice. Il était fort beau : soleils à feux contrariés, cascades, boules de toutes couleurs, fusées, serpenteaux, marrons, bombes à pluie d'or et d'argent, rien n'y manquait. La pièce principale figurait une locomotive dont les roues de feu tournaient avec un train de grande vitesse, quoique la cheminée de la machine eût obstinément refusé de s'allumer. Il est vrai qu'elle se mit à jeter feu et flamme lorsque les roues s'éteignirent et s'arrêtèrent.

Pendant les explosions lumineuses du feu d'artifice, nos yeux n'avaient pas cessé de suivre la marche de l'heure sur le cadran éclairé d'une église. Il était grand temps de partir. Nous regagnâmes notre calèche, qui nous mena au galop à l'embarcadère du *ferro carril*, et, dix minutes après, nous étions en route pour Madrid.

IV

Un trajet de nuit en chemin de fer n'offre pas grande matière à description, à moins qu'on ne raconte les rêves bizarres qu'inspire un sommeil contraint, où le corps cherche en vain une bonne posture. Aux gares, quelques cris glapissants indiquant le nom de la station, quelques lueurs vagues éclairant des architectures ensevelies dans l'ombre et des figures sans doute fort ordinaires qui prennent sous le rayon un aspect fantastique, des bruits de ferraille, de tampons entre-choqués, des sons de cloche et le sifflet aigu de la machine se remettant en marche : c'est tout. On va comme une flèche lancée à travers les ténèbres, mais qui n'en atteint pas moins heureusement son but, sans autre distraction que de voir l'intérieur du wagon répété dans les glaces des portières avec les dormeurs plus ou moins livides, comme les spectres du *Secret de miss Aurore*. Burgos et Valladolid restèrent derrière nous, et, quand le jour se leva, nous traversions des champs semés de pins à tête ronde, encore jeunes et de moyenne grandeur, qui présentaient, à cette clarté incertaine, l'apparence étrange d'orangers taillés en boule comme ceux des Tuileries ou de Versailles qu'on aurait tirés de leur caisse et mis en pleine terre. On arriva bientôt à Miranda-del-Campo, que signalent les restes d'un château et de tours en ruine d'un effet imposant et témoignant d'une splendeur passée. Comme on avait annoncé un certain nombre de minutes d'arrêt, et que le buffet n'offrait d'autres ressources que des verres d'eau avec des azucarillos, quelques voyageurs pensèrent avoir le temps de visiter au moins d'une façon sommaire une des trois tours démantelées les plus voisines ; mais on ne s'était pas aperçu de leur absence, et le train les oublia. Heureusement, on fut obligé d'attendre à une station d'évitement, car le chemin n'a encore qu'une seule voie, que le train de Madrid fût passé, et les abandonnés eurent le temps de regagner les wagons au pas de course et en poussant des clameurs lamentables.

Le pays était d'une nudité solennelle et grandiose; aussi loin que la vue pouvait porter, on n'apercevait aucun village, aucun hameau, aucune ferme, pas même une cabane isolée. Les seuls accidents étaient de temps à autre un homme à cheval, un arriero poussant devant lui quelques ânes ou quelques mules qui prenaient une importance extrême dans cette vaste plaine déserte. Cependant les lignes commencèrent à se relever et à former des ondulations de plus en plus fortes. On approchait de la sierra de Guadarrama, dont les cimes s'ébauchaient à l'horizon. Des deux côtés de la voie se montraient de grosses pierres bleuâtres qui firent place à des blocs énormes et à des rochers de granit d'un entassement si bizarre, qu'ils semblerait artificiel si les forces de l'homme pouvaient, dans un but mystérieux, soulever de telles masses. Tantôt on eût dit des restes de constructions cyclopéennes, tantôt d'informes représentations d'animaux antédiluviens laissées à l'état d'ébauche par un titan maladroit s'essayant à la sculpture. D'autres fois, les rochers en équilibre sur une pointe ou superposés avec une certaine symétrie, dans des attitudes impossibles, imitaient, à s'y méprendre, les dolmen, les menhirs et les peulven druidiques. La nature semblait s'être amusée à contrefaire les monuments celtiques, ne fût-ce que pour inspirer des doutes sur les travaux des savants. La pente augmentait sensiblement et la locomotive escaladait des rampes d'une roideur extrême. Les tranchées profondes, les tunnels creusés dans ce granit devenaient fréquents, et, quand on en débouchait, d'admirables perspectives se déployaient aux yeux éblouis. En contre-bas du remblai, qui souvent n'était qu'une crête de montagne écimée, se creusaient en abîme des vallées aux parois abruptes hérissées de pins, laissant voir, comme entre deux coulisses, par leur ouverture en forme de V, d'autres montagnes violettes ou bleuâtres, selon leur degré d'éloignement. On ne peut rien imaginer de plus beau, de plus sévère et de plus grand. La fermeté de la couleur s'y joint à la pureté des lignes.

Quand nous franchîmes, en 1840, la sierra de Guadarrama, c'était au commencement de mai, et, malgré la beauté du temps, il y avait encore de la neige sur les cimes et dans les endroits à l'ombre. Nous suivions à pied le *correo* qui gravissait lentement, à grand renfort de mules et de bœufs, et notre exaltation était telle, qu'elle ressemblait à de l'ivresse ou à de la folie. Le premier voyage est comme le premier amour, il donne des sensations qui ne reviennent plus. Qui jamais eût pensé alors qu'un chemin de fer passerait sur le front superbe de la montagne, et que les aigles entendraient chez eux le sifflet de la vapeur? — Cette fois, la saison était trop avancée pour que les cimes eussent gardé leur blanc diadème. Les chaleurs tropicales de juillet et d'août avaient fait fondre les dernières paillettes d'argent sur la robe bleue de la montagne. Les lits des torrents qu'on apercevait au fond des vallées n'étaient plus que des avalanches de pierres, et l'on se demandait où les femmes qui vous présentaient des rafraîchissements aux stations prenaient l'eau qu'elles vous offraient dans de grands verres.

Dans notre enthousiasme pour les rochers et les précipices, ne négligeons pas la silhouette pittoresque et féodale d'Avila, qui se découpait sur notre droite à une petite distance du *ferro carril*. Avila, dans notre siècle de perfectionnement, a gardé intacte la physionomie d'une ville du moyen âge; sa ceinture de tours est complète. Elle n'a pas senti le besoin de délacer ce corset crénelé, et ses fortifications, qui ne résisteraient pas longtemps à la science moderne, ont cette apparence hérissée et farouche qui représente mieux la force et l'imagination que les défenses géométriques de Vauban. Des clochers dépassaient les hautes murailles et promettaient au touriste de curieuses églises à visiter. Aussi, nous nous promîmes bien de nous arrêter au retour, et nous en fîmes le serment « par saint Jean d'Avila, » le patron du lieu

Tout près de las Navas-del-Marqués, nous admirâmes un tableau à faire la fortune d'un peintre s'il était bien rendu. En contre-bas du remblai, sur un vaste plateau de terre battue, des paysans séparaient le grain de la paille en poussant sur les gerbes couchées des chevaux, des mules, des bœufs forcés à une course circulaire. Ils se tenaient debout sur d'étroits strapontins comme les guerriers sur les chars antiques, dans des poses dignes des bas-reliefs d'Égine.

À partir de là, l'on commence à descendre vers la plaine où se trouve Madrid par des versants assez rapides, au milieu du plus étonnant chaos de blocs, du plus étrange tumulte de granit qu'on puisse imaginer. Tout cela est désordonné, convulsif, comme au lendemain d'un cataclysme cosmique. On se croirait sur un champ de bataille de titans écrasés sous les rochers qu'ils entassaient pour escalader le ciel et que fit écrouler la foudre. De larges vallées pierreuses, tachetées à peine de quelques maigres bruyères, s'étendaient à perte de vue et formaient des perspectives d'une tristesse navrante et grandiose. Tout le sol était mamelonné de ces granits d'un gris bleuâtre perçant l'épiderme de la terre ou roulés çà et là comme des blocs erratiques. On n'y sentait nulle part la présence de l'homme, et l'aspect de planète, que les cultures font perdre à notre globe, s'y retrouvait dans toute sa sauvagerie primitive. Les paysages de la lune, comme on se les figure d'après le télescope, doivent avoir ce caractère. Nous ne conseillons pas le voyage aux mortels idylliques qui aiment les coteaux, les bosquets, les ruisseaux, la fraîcheur, l'ombre et la verdure. Il n'y a pas le plus petit coin fleuri pour placer un rêve voluptueux ; mais quel site pour un anachorète abîmé dans la contemplation de l'infini ! et que M. Penguilly-L'Haridon, le peintre des pierres, serait heureux dans cette aridité rocailleuse !

Tout à coup, au bas d'une montagne violette toute mordorée de soleil, l'Escurial montra sa lourde coupole assise entre quatre clochetons. Ses murs d'un gris jaunâtre profilaient leurs angles maussades avec le même air d'ennui et d'abandon qui nous avait tant attristé autrefois. Les quelques arbres renfermés dans son enceinte étaient jaunis et comme incendiés par la chaleur. Il faisait, du reste, une température à durcir les œufs. L'air frais des hauteurs ne se faisait plus sentir, mais nous n'en souffrions pas trop. Les wagons espagnols sont larges et commodes, car l'écartement des rails est plus considérable sur les voies péninsulaires que sur les voies françaises. Les wagons d'aucun pays ne pourraient s'y adapter ; la dimension choisie est toute particulière, et les caisses sont assez grandes pour que dix voyageurs s'y tiennent commodément.

Nous allions assez vite ; étant un peu retardés par la traversée de la montagne qui exige beaucoup de prudence, à cause du court rayon des courbes, de la roideur et de la déclivité des pentes, on rattrapait le temps perdu sur une voie relativement plane. Autour de nous, les blocs s'étaient amoindris en pierres, les pierres étaient devenues des cailloux, mais c'était toujours le même aspect de morne stérilité. On ne voyait pas se déployer ces cultures que fait naître le voisinage des grandes villes, ni cet éparpillement de villas, de maisons de campagne, de villages élégants, qui annoncent l'approche d'une capitale. Le désert ne s'arrête qu'aux portes de la ville. « D'où les Madrilènes tirent-ils leur nourriture? se dit l'étranger, non sans quelque inquiétude, en face de cette aridité absolue. Je suis peut-être imprudent d'amener un convive de plus à ce maigre banquet, moi que le ciel n'a pas doué de la proverbiale sobriété espagnole. » Nous ne savons pas comment s'opère le miracle et comment ces cailloux se changent en biftecks. Toujours est-il qu'on mange à Madrid, et même beaucoup mieux que ne le prétendent les touristes de l'espèce plaintive et grognonne, qui jugent un pays sur une omelette dont le beurre est un peu rance.

Nous étions arrivés. Le colossal palais de la reine regardait toujours du haut de ses terrasses la sierra de Guadarrama, et le bon Manzanarès, notre vieil ami, ne s'était pas accru d'une goutte d'eau pendant notre absence. Mais brisons là : les Madrilènes sont fort chatouilleux à l'endroit de leur fleuve, et regardent comme une injure personnelle la moindre plaisanterie à ce sujet. Ne nous faisons pas d'ennemis. Les calesins à grandes roues écarlates, à caisse peinturlurée d'Amours et d'attributs mythologiques, ayant disparu depuis longtemps devant « le progrès des lumières, » nous grimpâmes dans une espèce de citadine à l'instar de

Paris, dont le cheval, véritable Rossinante entraînée pour la course des taureaux, nous fit regretter l'ancienne mule avec ses pompons de toutes couleurs, son carillon de grelots et son allure enragée. Plus heureux que beaucoup de nos compagnons, nous avions notre malle; elle ne s'était pas égarée malicieusement à Saint-Sébastien et ne voyageait pas au hasard, de station en station, sur des appels télégraphiques. Autre avantage : nos chambres étaient retenues d'avance et nous savions où nous allions. Aussi jetâmes nous fièrement à notre cocher ces mots triomphants :

— Hôtel de *France*, calle del Carmen !

V

Madrid, depuis l'époque où nous l'avons vu, s'est embelli dans un certain sens qui, nous l'avouons, excite médiocrement notre enthousiasme; mais nous sommes une espèce de barbare à qui plaisent les vieilleries pittoresques, désespoir des édilités au niveau du progrès. La ligne droite nous charme peu, et nous trouvous, malgré l'axiome, que c'est le chemin le plus long pour aller d'un point à un autre, puisque c'est le plus ennuyeux. Beaucoup de maisons neuves se sont élevées, plus confortables sans doute que les anciennes, mais, à coup sûr, moins caractéristiques. Elles présentent un aspect uniforme et plat, idéal de l'architecture moderne. Tous les civilisés utilitaires en seront satisfaits, et nous convenons que la plupart d'entre elles tiendraient fort bien leur rang dans les plus belles rues de Paris. Cette concession faite (et elle nous coûte), on nous permettra de regretter l'antique physionomie de la *puerta del Sol*. La façade d'église qui formait le fond de la place, entre les rues d'Alcala et de San-Geronimo, a disparu. Un grand hôtel, dans le genre de l'hôtel du *Louvre*, s'est substitué au portail de style jésuite, orné de volutes contournées et d'un cadran à rayons d'or figurant un soleil. D'élégants magasins se sont ouverts avec devantures de glaces et étalages à la parisienne; une fontaine à vasque classique marque le centre de la place. Ce sont de ces choses dont une ville est fière. Mais nous n'avons pas retrouvé ces longues files de graves personnages qui, embossés dans leur manteau et ne laissant sortir que leur cigarette entre le pouce et l'index, se tenaient immobiles pendant des heures, occupés à ne rien faire et « prenant le soleil » avec une majesté tout espagnole.

Maintenant, chacun passe et marche d'un pas affairé. On ne voit plus, comme autrefois, de Valenciens aux grègues de toile blanche, aux cnémides bordées de bleu, portant sur l'épaule leur cape bariolée de couleurs vives; de Maregates à la casaque de cuir serrée par la boucle de cuivre d'un large ceinturon; de Castillans à la veste en peau d'agneau noir et à la casquette en peau de loup; d'Andalous coiffés du chapeau écimé et retroussé en turban et vêtus de leur svelte costume qui rappelle celui de Figaro; de Gallegos en veste brune, avec les culottes courtes et les bas drapés; mais nous constaterons que l'intelligente coquetterie des femmes a repoussé courageusement l'affreux chapeau qui avait tenté d'envahir la péninsule. La délicieuse mantille nationale, qui encadre si gracieusement les jolies têtes des Espagnoles, a reconquis ses droits; elle règne en souveraine absolue. Cela nous a fait plaisir, car nous aimons qu'un peuple, tout en adoptant les perfectionnements de la science moderne, garde son aspect et ses modes typiques. La mantille n'empêche ni l'éclairage au gaz, ni le télégraphe électrique, ni les chemins de fer.

Le soir, nous n'eûmes rien de plus pressé que d'aller au Prado, qui avait laissé de charmants souvenirs dans notre mémoire de voyageur. Nous aimions cette promenade de voitures entre deux contre-allées garnies de chaises où s'étalaient de fraîches toilettes, où les beautés madrilènes jouaient de la prunelle et de l'éventail, et faisaient entendre ce joli sifflement des lames qui s'ouvrent et se referment. Rien n'était plus gai et plus vivant. Les *aguadores* criaient leur marchandise « fraîche comme la neige, » et les muchachos vous offraient pour allumer votre cigare un bout de corde soufrée où brûlait un feu inextinguible comme celui de l'autel de Vesta. Le cours s'étendait de la fontaine de Cybèle à la fontaine de l'Alcachofa, et, dans cet espace assez restreint, de sept à neuf heures du soir, passait, à coup sûr, tout ce que la ville renfermait de jeune, d'élégant et de beau. Hélas ! le Prado n'existe plus. Les becs de gaz versaient leurs clartés sur la solitude. Quelques chaises entêtées, sur la foi des vieilles traditions, s'ennuyaient sur le bord de la chaussée, mais personne ne s'y asseyait. Nous pensions être le jouet d'un rêve, et nos camarades de route, à qui nous avions promis quelque chose d'animé et de brillant comme le tour du lac au bois de Boulogne, nous regardaient avec inquiétude et commençaient à douter de nos talents de cicérone.

Cependant un grand mouvement de voitures avait lieu. Des omnibus attelés de mules et chargés de monde, des calèches de maître, des coupés de place, franchissaient la porte d'Alcala et filaient tous dans la même direction. Nous hélâmes un des coupés qui portait au coin de son impériale un petit drapeau indiquant qu'il était à louer, et nous dîmes au cocher d'aller où allaient les autres.

— *A los Campos-Eliseos*, répondit-il en fouettant son cheval.

Les Champs-Élysées sont un immense jardin où danseraient l'ancien Tivoli, le jardin Mabile et le Château-des-Fleurs, — quelque chose comme *Cremorn garden* de Londres, mais bien plus vastes. Un théâtre de forme carrée, le théâtre Rossini, qui pourrait contenir deux ou trois mille spectateurs, une naumachie, un cosmorama, une salle de concert, des jeux de toute espèce, un café, en peuplent à peine l'étendue. On y tire, chaque soir, de fort jolis feux d'artifice, et personne ne va plus au Prado. *Sic transit gloria mundi!*

Le lendemain, nous allâmes visiter le *Mueso real*. On

sait qu'il est superbe. Les Raphaël, les Titien, les Rubens, tous les grands maîtres d'Italie et de Flandre y abondent; mais c'est là un mérite qu'il partage avec les musées de Florence, de Paris, de Dresde et des autres galeries nationales ou princières. Sa gloire particulière, sa richesse originale, c'est de contenir Velasquez tout entier. Qui n'a pas vu Madrid ne connaît pas ce peintre étonnant, cet artiste d'une individualité absolue ne relevant que de la nature et dont le réalisme a su se conserver intact au milieu d'une cour formaliste. L'Espagne, jalouse, a précieusement gardé tous les tableaux de son maître favori, et c'est à peine si les galeries les plus riches en possèdent quelque esquisse ou quelque répétition d'une authenticité toujours un peu douteuse. Velasquez seul vaut le voyage, et, maintenant que le chemin de fer rend facile de franchir les Pyrénées, nos jeunes peintres feront bien de l'aller étudier.

Sur les marches du musée était installée une jeune fille qui vendait des verres d'eau. Boire de l'eau est un plaisir dont on ne se rend bien compte qu'en Espagne. La terre catholique par excellence semble restée musulmane sur ce point.

Avec quelle joie nous retrouvâmes-nous dans cette galerie où éclate le génie espagnol, si profondément

romantique, si savoureusement local, ayant si bien le
fumet du terroir! Quoique Velasquez fût savant, qu'il
connût par plusieurs voyages les chefs-d'œuvre de l'art
italien et de l'antiquité, qu'il eût même fait des études
et des copies d'après les maîtres, il ne ressemble à personne. Son sentiment, ses procédés lui appartiennent;
aucune tradition n'y apparaît : il semble avoir inventé
la peinture et du même coup l'avoir portée à sa perfection. Nul voile, nul intermédiaire, entre lui et la nature; l'outil même est invisible, et ses figures paraissent fixées dans leur cadre par une opération magique.
Elles vivent avec leur enveloppe d'atmosphère d'une
vie si intense, si mystérieuse et si réelle à la fois,
qu'elles donnent au présent la sensation du passé. On
se demande si les spectateurs qui contemplent ces toiles
ne sont pas des ombres, et les personnages peints des
personnages vivants regardant d'un air vague et hautain d'importuns visiteurs. Certes, les contemporains
de ces admirables portraits, qui expriment en même
temps l'homme extérieur et l'homme intérieur, n'avaient pas des modèles eux-mêmes une perception plus
nette, plus vraie, plus vibrante; on peut même penser
qu'elle était moindre que la nôtre, puisqu'un grand artiste comme Velasquez ajoute à ce qu'il peint son génie

et son coup d'œil qui pénètre au delà du regard vulgaire. Dans cette image si exacte, il a dégagé l'essentiel, accentué le significatif, sacrifié l'inutile, et mis en lumière la physionomie intime. De tels portraits en disent plus que de longues histoires; ils confessent et résument le personnage.

Aucuns mémoires sur la cour d'Espagne ne valent ces portraits de Philippe IV où se lit la décadence de la race dans la pâleur maladive du teint, le regard atone, la lèvre tombante à l'autrichienne, gardant encore une rougeur sensuelle; de ces reines et de ces infantes aux cheveux mêlés de paquets de perles, aux corsages busqués, aux roides vertugadins ramagés d'or ou d'argent, madones de l'étiquette scellées sur leur socle et emprisonnées dans leur niche, ayant pour prêtresses de ce culte bizarre des duègnes farouches, de ces nains et de ces naines qui semblent fiers de leur monstruosité et dont les bouffonneries et les contorsions amenaient un sourire pâle sur les lèvres moroses de l'ennui royal, qui ne fut nulle part si gris, si morne, si à charge à lui-même, si bâillant à pleines mâchoires, que dans les palais de Madrid, de l'Escurial et de Saint-Ildefonse.

Quel superbe portrait que celui du comte-duc d'Olivarès! quel jet, quelle puissance et quelle vie ! Comme il réalise bien cet idéal que se proposent les peintres et les statuaires pour la figure d'un homme de pensée et d'action, « calme sur un cheval fougueux ! » Outre qu'il est un grand portraitiste, Velasquez, comme Titien, est aussi un grand paysagiste; la campagne qui sert de fond à ce tableau est pleine d'air, de lumière et de profondeur.

Velasquez, quoiqu'il fût don Diego Velasquez de Silva, peintre du roi, gentilhomme de la chambre et fourrier de la cour, ne dédaignait pas les mendiants, les ivrognes, les gitanos, et il les peignait de la même brosse qui venait de fixer dans un cadre d'or une physionomie royale ou princière. Voyez le tableau de *los Borrachos*, un chef-d'œuvre qui, selon nous, mérite mieux que *las Meninas* le titre de théologie de la peinture; l'*Ésope* et le *Ménippe*, deux simples gueux philosophiques, jaunes, rances, délabrés, sordides, mais superbes; *el Nino di Vallecas*, un enfant phénomène, né avec un double rang de dents, et tenant la bouche ouverte, dont Velasquez a fait une peinture admirable. Les femmes barbues des foires n'effrayaient pas so robuste amour de la vérité. Sa couleur, impartiale comme la lumière, s'étendait sur tous les objets avec une splendeur tranquille, sûre de leur donner la même valeur, que ce fût un roi ou un pauvre, une guenille ou un manteau de velours, un tesson d'argile ou un casque damasquiné d'or, une délicate infante ou un monstre gibbeux et bancal. La beauté et la laideur lui semblent indifférentes, il admet la nature telle qu'elle est et ne poursuit aucun idéal; seulement, il rend les belles choses avec la même perfection que les vilaines, en quoi il diffère de nos réalistes actuels. Si une belle femme pose devant lui, il en rendra toutes les grâces, toutes les élégances, toutes les délicatesses. Son pinceau, qui, chargé de bitume, bâlait et encrassait la trogne d'un vagabond, trouvera pour les joues de la beauté des pâleurs nacrées, des rougeurs de rose, des duvets de pêche, des suavités sans pareilles. C'est le peintre de l'aristocratie et le peintre de la canaille; il est aussi admirable au palais que dans la cour des Miracles. Mais ne lui demandez pas de scènes mythologiques, ni même, chose rare pour un peintre espagnol. de scènes de sainteté. Pour avoir toute sa force, il faut, comme Antée, qu'il touche la terre, mais alors il se relève avec toute la vigueur d'un titan.

Nous n'avons pas la place de parler ici en détail des *Forges de Vulcain*, de la *Reddition de Breda* (le tableau dit des *Lances*), du *Mercure endormant Argus*, de *las*

Meninas, de *las Hilanderas*; il faudrait tout un volume, et nous terminerons par un tableau d'Antolmez qui nous a vivement frappé et que nous n'avions pas vu dans notre premier voyage. C'est une Madeleine qui s'enlève par la force de prière et reste suspendue en l'air, au milieu d'anges battant des ailes comme pour applaudir ce miracle de ferveur. La tête de la Madeleine, noyée dans une extase à la sainte Thérèse, est d'une sublimité étrange et divine; elle luit fiévreuse et rayonnante d'hallucination mystique, et tout cela est d'une couleur si brusque et si harmonieuse, si fauve et si splendide, d'un caractère si bizarre, si romantique et si original, qu'on croirait voir réalisé l'idéal que Delacroix a cherché toute sa vie.

VI

Si quelque sorcier nous avait prédit en 1840 que nous verrions un jour sur les murs de Madrid l'affiche suivante : « Train de plaisir (*tren de recreo*) pour l'Escorial, » nous aurions accueilli sa prophétie avec un sourire d'incrédulité ironique, tant un pareil accouplement de mots nous eût paru bizarre. *Escorial* et *plaisir* sont des termes qui ne semblent pas pouvoir se rapprocher, et cependant la chose existe, et nous voilà installé avec nos camarades dans un convoi aux nombreux wagons remplis d'une foule joyeuse. Autrefois, nous avions accompli assez péniblement ce voyage, qui, disait-on, offrait alors quelque danger, au moyen d'un coche délabré remontant au moins au règne de Philippe IV et traîné par six mules osseuses rasées jusqu'à mi-corps. Nous avancions lentement sous un soleil torride, dont l'aveuglante lumière brûlait cette plaine onduleuse et mamelonnée de roches bleuâtres qui s'étend de Madrid à la Guadarrama. Des cigales, cachées sous l'herbe sèche poussée entre les pierres, froissaient leurs cymbales avec fureur et faisaient une musique enragée, servant de basse aux tintements clairs des grelots. On voyait au-dessus de terre danser l'acide carbonique dans le tremblement lumineux de la chaleur L'intérieur du berlingot atteignait la température d'un bain more; une sueur abondante perlait sur votre visage vainement essuyé et ventilé par un éventail rapporté de la course de taureaux. Après vingt-quatre ans, nous nous rappelons encore la délicieuse sensation de volupté que nous causèrent quelques gorgées d'une eau fraîche et limpide qui jaillissait d'une fontaine au bord du chemin. Tout cela en soi n'a rien de fort agréable ; pourquoi s'en souvient-on avec tant de charme ? Ces difficultés, cette fatigue donnaient la conscience du voyage. Le mode de transport, le temps qu'il exigeait étaient proportionnés à l'échelle humaine. On agissait un peu par soi-même ; on éprouvait un certain orgueil d'avoir mené à bien une excursion périlleuse ou lassante, demandant du courage et de la vigueur. Peut-être les civilisations extrêmes, avec les puissants moyens dont elles disposent, ont-elles le tort de supprimer dans la nature l'obstacle, et dans l'individu l'effort. Elles font aussi disparaître le danger et vous préservent de tout risque : on n'a qu'à se remettre entre les mains du seigneur Progrès, il se charge de vous ; il vous déposera à la gare comme les colis, à moins cependant que sa locomotive ne déraille ; ce qui est infiniment rare, il faut l'avouer.

Cinquante sept kilomètres ne sont sur un chemin de fer qu'une petite promenade, et le temps de soutenir deux ou trois paradoxes, nous étions arrivés. L'Escorial dessinait sa silhouette pâle du fond violet de la montagne, entre quelques arbres grillés des feux de la canicule, et par son aspect aride justifiait bien l'étymologie de son nom, qui vient des nombreuses scories d'anciennes mines exploitées autrefois aux alentours du terrain qu'il occupe. Des omnibus —*horresco referens!*— attendaient les voyageurs au débarcadère, et tout ce monde y grimpait avec un gai désordre comme feraient des gens en partie de campagne aux environs de Paris. Les omnibus se lancent sur la route poudreuse, et, au bout de quelques minutes, déposent leur charge devant des posadas, des auberges, des cafés; on boit, on mange, on parle, on rit à l'Escorial ! Dans les rues, jadis bordées de maisons en ruine, passent des êtres qui ne sont pas des spectres, des hommes vivants fumant leur cigarette, des femmes non moins vivantes agitant leur éventail de papier vert ou rajustant coquettement un pli de leur mantille, d'honnêtes familles bourgeoises venant là pour se divertir.

Si l'ombre de Philippe II regarde par la vitre où s'est appuyé tant de fois le front blême du royal ennuyé perdu au fond d'une morne rêverie, elle doit être bien surprise et bien choquée de cette foule, de ce tumulte et de ce mouvement. En effet, la vie semble presque une inconvenance dans ce lugubre séjour de la mort. Les hirondelles et les cigognes, qui tourbillonnaient autour du dôme ou se tenaient en équilibre comme des stylites sur le chapiteau des cheminées, avaient disparu, sentant leur mission de peupler cette solitude finie. Nous regrettâmes leur absence.

Allons-nous recommencer la description de l'Escorial, qui remplit plusieurs pages dans notre *Voyage en Espagne*? Non. Le monument n'a pas changé; les années ont glissé sur son rude épiderme de granit où le pouce du temps s'userait, sans y adoucir un angle, sans y modifier une nuance. Ce sont toujours les mêmes formes rectangulaires, les mêmes pyramidions surmontés de boules, la même coupole bossue, les mêmes quatre pavillons figurant les pieds du gril dont le palais est le manche et dont les cloîtres transversaux sont les barres, le tout revêtu de ce gris jaunâtre revêche à toute patine que la pluie ne peut noircir et que le soleil ne saurait dorer. Saint Laurent a dû être satisfait de ce colossal *ex-voto* représentant l'instrument de son supplice et pardonner à Philippe II la canonnade de Saint-Quentin. Mais nous plaignons l'architecte Herrera obligé de travailler sur ce plan bizarre. Rien d'austère, d'ailleurs, comme le style de ce farouche artiste, qui refuse tout ornement, tout relief, et n'emploie que l'ordre dorique réduit à sa plus simple expression.

Un sujet d'admiration pour les philistins exotiques et indigènes qui visitent l'Escorial, c'est le nombre de fenêtres dont est percé le monument. Nous en pourrions dire le chiffre exact si nous n'avions perdu le petit livret vendu à la porte d'entrée; il dépasse mille ou onze cents. Et, là-dessus, la foule de se récrier : « Onze cents fenêtres ! chose étonnante ! » Il est vrai qu'elles sont basses, écrasées, disgracieuses, mais il y en a beaucoup. Le Parthénon n'en avait pas.

Notre ancien guide Cornelio, cet aveugle si clairvoyant qui circulait d'un pas infaillible à travers les cloîtres, les corridors et les recoins mystérieux de l'Escorial, ne manquant jamais de s'arrêter devant le tableau, la statue ou l'objet curieux à montrer, Cornelio vit-il encore ? Ses yeux, fermés dans ce monde, se sont-ils rouverts dans l'autre ? Nous ne le vîmes pas à son poste ordinaire. Il n'était pas jeune lorsqu'il nous conduisait, et nous n'osâmes demander de ses nouvelles, de peur d'entendre cette réponse lugubre : « Il est mort, » ou, comme on dit en Espagne : « Il mange l'herbe par la racine. »

D'ailleurs, n'eussions-nous pas connu l'Escorial à fond, un guide n'était pas nécessaire, il n'y avait qu'à « suivre le monde. » Quand nous entrâmes dans cette cour si nue, si froide, si triste, sur laquelle donne la façade de l'église, nous reconnûmes tout de suite les six prophètes du portail avec leur corps de granit où sont ajustées des têtes et des mains de marbre faiblement teinté en couleur de chair : ils portaient toujours leurs couronnes, leurs phylactères et leurs attributs de bronze doré. En vérité, ils n'étaient pas changés du tout. Il nous sembla, à un certain clin d'œil amical, qu'ils nous reconnaissaient aussi, quoique, depuis notre dernière entrevue, notre physique se soit considérablement modifié. Les bons géants paraissaient dire, dans leur muette langue de pierre intelligible pour le poëte :

« Nous nous souvenons de ta visite au temps où personne ne nous venait voir, et nous t'en savons gré. Oh! comme c'était ennuyeux alors! Oh! comme pesamment, maussadement, monotonement tombait l'heure dans l'éternité! Entre la sonnerie des quarts, des siècles s'écoulaient et nous n'avions pas même la consolation de pouvoir bâiller avec nos lourdes mâchoires sculptées. Nous te voyions aller et venir, faisant un croquis, notant un détail sur ton carnet, copiant notre nom : cela nous distrayait un peu ; tu faisais quelque bruit dans ce silence si profond, qu'il permet d'entendre le ver filer sa toile au fond du sépulcre. On dit que tu as joliment arrangé l'Escorial et prétendu qu'il était plus amusant de vivre dans le puits qui s'enfonce sous la grande pyramide d'Égypte que d'habiter le palais de Philippe II, aimable composé de la prison, du monastère et de la nécropole. Tu as dit cela et bien d'autres choses encore assez irrévérencieuses pour un monument que l'orgueil espagnol considère comme une des sept merveilles du monde; mais nous ne t'en voulons pas. Nous-mêmes, nous n'y pouvons plus tenir, et cependant nous ne sommes pas des cerveaux éventés, des caractères mondains et folâtres.

» Quand on a pour position d'être des colosses en pierre *beroqueña* avec des têtes et des mains de marbre, et de représenter, au portail d'une église, les prophètes de l'Ancien Testament, on sait bien qu'on ne peut pas fumer, lire les journaux et aller le soir au théâtre ou à la *tertulia*; on accepte une certaine mélancolie solennelle. Mais avoir toujours devant les yeux ce mur implacablement gris, c'est un supplice plus intolérable que celui des damnés qui regardent le cadran sans heures de l'enfer. Il n'y avait pas moyen d'y résister, même avec un tempérament de granit, surtout l'hiver, quand étaient parties les hirondelles, qui, au moins, nous chuchotaient quelques mots aux oreilles, et que la

neige recouvrait, comme un blanc suaire, les épaules
de la Guadarrama. A présent, c'est bien changé, et nous
menons une joyeuse vie pour des saints de pierre ; nous
sommes presque aussi heureux que l'obélisque de
Louqsor sur la place de la Concorde à Paris. Nous
voyons du monde tous les jours, et, le dimanche, il y a
grande réception. Au lieu de vieux moines râpant leurs
sandales sur le rêche pavage des cours et des cloîtres,
se hâtent allégrement des bourgeois en habit à la mode,
curieux de tout voir. Parfois une jolie femme nous jette
un coup d'œil en passant et nous trouve artistement
sculptés. Elle s'étonne qu'étant si vieux, nous ayons les
joues encore si roses ! C'est flatteur ! Elle ne sait pas
que nous mettons une couche de fard. Ne va pas le dire,
comme font ces maudits journalistes, qui racontent tout
ce qu'on leur confie. Enfin, nous sommes contents, et
nous adoptons les idées nouvelles. Vive la vapeur ! Vive
le télégraphe électrique ! Vive le *ferro carril !* »

Si l'on trouve ce discours un peu long, qu'on veuille
bien réfléchir que les statues n'ont pas beaucoup d'occasions de parler. Ils sont rares, ceux qui entendent la langue marmoréenne ou granitique et qui savent le dialecte
du bronze. Les choses ont leurs larmes, dit Virgile ; elles
ont aussi leurs voix, il s'agit de les écouter. Nous avons

beaucoup étudié cette grammaire plastique et nous sommes à peu près sûr d'avoir traduit, sans contre-sens, la harangue des prophètes de pierre dans la cour de l'Escorial. Ce ne sont peut-être pas les mêmes mots; mais l'idée est identique.

Nous entrâmes dans l'église avec la foule. Elle est nue, énorme, d'une aridité désolante; rien que des pilastres doriques et des moulures pour corniches: l'inflexibilité du dogme n'a jamais été symbolisée d'une façon plus rigide. On serait tenté de dire, comme au seuil de la *Cité* du Dante : « Laissez toute espérance, vous qui entrez ici; » et ce n'est pas là un jeu d'imagination poétique. L'âme se sent accablée dans ce temple si dur, si froid, si inexorable d'aspect; elle ne pense qu'à la colère de Dieu et non à sa miséricorde.

Aux voûtes, des fresques de Coello, de Carducci, de Luca Ganziaso et autres décorateurs dont les noms ne nous reviennent pas, tâchant, par leurs tons azurés, de donner un peu d'air au sombre édifice; mais elles ne réussissent pas à percer les épaisses murailles. Leur gaieté de décadence et leur style d'opéra, choquent comme une toilette de bal au tribunal de l'inquisition. Nous aimerions mieux la voûte nue et grise.

A côté du retable, haut comme une maison et d'une

architecture sévère en harmonie avec celle de l'église, sont agenouillées les statues en bronze doré de Charles-Quint, de Philippe II, de l'infant don Carlos et d'autres princes et princesses de la famille. Dans le chœur qui fait face à l'autel, on montre la stalle où s'assit pendant quatorze ans le pâle fils du grand empereur à la fière devise.

On descendit ensuite au *podridero* (pourrissoir), nom énergique qui a prévalu sur celui de Panthéon, et qui est assurément plus philosophique et plus chrétien. C'est un caveau octogone dont les parois sont revêtues de jaspes et de marbres de couleur. Là sont déposées dans des sarcophages de forme antique, qu'abritent des niches symétriques, les dépouilles des rois et des reines qui ont laissé succession.

Autrefois, nous étions seul quand nous visitâmes ce lieu funèbre, et nous pouvions nous livrer à notre lugubre impression. Décidément, nous ne sommes pas de l'avis des six prophètes. L'Escorial solitaire, avec son immense ennui au milieu de son désert aride, nous plaît mieux que l'Escorial animé, pimpant et frétillant des trains de plaisir.

VII

Quand on voyage et qu'on visite une de ces villes longtemps rêvées, dont l'esprit cherche par avance à se représenter la configuration, on est souvent affecté d'un sentiment pénible, non pas celui d'un désenchantement vulgaire, car il est des réalités qui dépassent le songe, mais on éprouve la crainte de ne jamais revoir ce qui excite votre enthousiasme. Le temps vole si vite pour la pauvre race des éphémères; la vie, même la plus heureuse, est si mêlée de soins, de devoirs, d'obstacles, de dérivations involontaires; elle s'échappe par tant de fissures sans que l'eau du vase se renouvelle, qu'on exécute bien rarement ses plus fermes résolutions. « Reverrons-nous jamais Tolède? » disions-nous, il y a bien des années déjà, avec une profonde mélancolie, en quittant les murs de la cité romantique; et plus d'une fois ce désir d'errer encore à travers son dédale de ruelles escarpées venait nous tourmenter, pendant que, penché sur notre pupitre, nous écrivions tristement le compte rendu de quelque insipide vaudeville et de quelque lourd mélodrame, ou que, sur le trottoir d'une belle rue régulière à faire bâiller, nous attendions le passage d'un omnibus toujours complet, sous une pluie fine, menue, persistante, tombant d'un ciel gris comme des fils d'araignée ou des aiguilles anglaises. Oh! comme alors, aux rayons d'un soleil intense, se découpait sur un fond de ciel bleu, avec ses tons d'orange, la magnifique porte moresque à l'arc évidé en cœur, si bien nommée la *puerta del Sol*, qu'on rencontre après avoir passé le pont d'Alcantara et sous laquelle on passe pour grimper à la place Zocodover! comme se rebâtissaient par les magies du souvenir, ce rapide architecte, les vieilles murailles, les vieux palais, les vieilles églises! car, Dieu merci, rien n'est moderne à Tolède; comme tout se remettait à sa place, avec le relief, l'accent et la couleur d'autrefois! comme nous gravissions, en idée, ces rues étroites, aux coudes imprévus, aux changements brusques de niveau, pareilles à des lits de torrent et bordées de maisons mystérieuses rappelant les maisons d'Alger! Eh bien, ce que nos souhaits incessants et nos combinaisons toujours dérangées n'avaient pu faire, le hasard d'une inauguration l'a accompli avec cette facilité des choses soudaines où la volonté n'a point part. Nous avons revu

Tolède, chez qui nous n'avions pu aller mettre notre carte à un second voyage d'Espagne.

Cette fois, nous y sommes transporté par le *ferro carril*. En 1840, un piquet de chasseurs escortait la diligence et l'on s'arrêtait à Illescas pour faire un assez piteux repas. Le chemin de fer vous mène à la station d'Aranjuez; un autre railway partant de la même gare vous reprend et vous dépose à Tolède, où il s'arrête après vous avoir fait traverser des campagnes dénudées et médiocrement pittoresques.

Un omnibus vous attend à la descente du chemin de fer. O civilisation, ce sont là de tes coups! Au Romantisme, qui jure par son épée et sa dague de Tolède, tu réponds: « Omnibus! » et le Romantisme, tout penaud, monte en rechignant dans l'affreux véhicule, paye deux réaux pour lui et un réal pour sa malle quand il en a une. Mais ne vous effrayez pas trop de ces lamentations. Tolède est une ville rébarbative et farouche qui ne se laissera pas facilement prendre d'assaut par le progrès. Elle est bâtie à 568 mètres au-dessus du niveau de la mer; sur un rocher dont les sept cimes forment une espèce de plateau tumultueux où l'idée d'aller bâtir ne pouvait naître qu'à ces hommes du moyen âge qui plaçaient leurs logis à côté des aires d'aigle. Le Tage, coulant au fond d'une déchirure hérissée de roches noirâtres, décrit une courbe et embrasse la ville comme le Rummel embrasse Constantine. Deux vieux ponts superbes, le pont d'Alcantara et celui de Saint-Martin, relient la ville, située sur son sommet isolé, aux campagnes environnantes. En traversant le pont d'Alcantara, qui se présente à vous lorsqu'on vient de Madrid, la guitare de « Gastibelza, l'homme à la carabine, » vous revient en mémoire avec l'air de Monpou, et l'on se surprend à fredonner d'une voix plus ou moins fausse :

>   Vraiment, la reine eût près d'elle été laide
>   Quand, vers le soir,
>   Elle passait, sur le pont de Tolède,
>   En corset noir.

Mais sur quel pont passait doña Sabine? Était-ce le pont d'Alcantara ou le pont de Saint-Martin? Problème difficile à résoudre et bien fait pour occuper la rêverie d'un voyageur. Nous penchons pour le pont d'Alcantara, il est le plus fréquenté. Doña Sabine était coquette, puisqu'elle s'est enfuie avec le comte de Saldagne, séduite par un anneau d'or, par un bijou. Il est peu probable qu'elle eût choisi pour sa promenade du soir le pont de Saint-Martin, qui ne mène qu'à la sierra de Guadalupe,

Mais laissons doña Sabine, Gastibelza et la Tolède des ballades pour revenir à la Tolède réelle, qui n'est pas moins intéressante.

Quand on regarde cette belle porte encore intacte, pur joyau de l'art arabe, on ne peut vraiment croire que des siècles se soient écoulés depuis l'expulsion des Mores, et l'on s'attend à voir les émirs, en burnous blanc, aux selles chamarrées d'or, gravir la pente escarpée, galopant sur leurs chevaux de la race Nedji. L'illusion est d'autant plus facile que rien n'a été dérangé dans l'antique physionomie de la ville. Elle a toujours sa ceinture de remparts crénelées, dont les fondations se confondent avec la roche qui les continue et dont quelques portions remontent au roi goth Wamba. De belles portes flanquées de tours bâties par les Goths, les Arabes et les Espagnols, complètent cet aspect moyen âge et féodal, et, de quelque côté qu'on arrive, font faire à Tolède une magnifique figure sur l'horizon. Près du pont Saint-Martin, au fond du ravin creusé par le Tage, on discerne une espèce de cave de rocher qu'on appelle le *Bain de la Cava*, et, non loin de là, une tour en ruine avec quelques restes d'arceaux où s'accoudait le jeune roi Rodrigue pour épier les charmes de Florinde folâtrant parmi ses compagnes. Près de l'autre pont s'écroulent les arcades de briques de l'*artificio de Juanello*, vieille machine hydraulique qui ne fonctionne plus, et s'élèvent les débris du château de Cervantès, qui n'a rien de commun avec l'auteur de *Don Quichotte* et dont on a fait une poudrière. Tout cela fauve, roussi, brûlé, d'une couleur à faire le désespoir et l'admiration des peintres.

On étonnerait fort des cochers anglais ou parisiens si on leur proposait de faire escalader à leurs voitures une pente aussi roide que celle qui mène de la puerta del Sol à la place Zocodover, aujourd'hui, hélas! place de la *Constitucion*; mais les cochers espagnols ne s'alarment pas pour si peu. L'omnibus, dont les moyeux, dans certaines rues, rayaient presque les murs, nous descendit à la *fonda del Lino*, encombrée d'une foule inusitée de voyageurs faméliques. Les fournées de convives se succédaient sans relâche, et, tandis que les premiers arrivés se repaissaient, les autres tournaient autour des tables, attendant leur tour en maugréant. La *fonda del Lino* ne vaut pas, comme architecture, la *fonda del Caballero*, où nous nous arrêtâmes à notre premier voyage, et qui était un véritable palais, mais on y mange suffisamment.

Bien que nous connussions la ville de longue main,

force nous fut de prendre un guide pour aller visiter la cathédrale, San-Juan-de-los-Reyes, Santa-Maria-la-Blanca, el Taller-del-Moro, l'Alcazar et autres curiosités. Tolède est bâtie sur le plan du labyrinthe de Crète, et il faut y être né pour retrouver son chemin dans le bloc de ses maisons. Les rues ressemblent aux tubes capillaires des madrépores ou aux couloirs sinueux que pratiquent les tarets sous l'écorce du vieux bois. Nul dessin, nul tracé : les unes montent, les autres descendent, ou plutôt se précipitent comme si elles ne pouvaient se retenir aux parois de la roche, avec des coudes si soudains, des angles si imprévus, qu'on est bientôt désorienté; elles vont, elles viennent, se croisent, s'enlacent, forment des nœuds, des dédales, des impasses, des cœcums inextricables. Un écheveau dévidé par les griffes d'un chat n'est pas plus embrouillé. Le fil d'Ariane ne suffirait pas à sortir de cette étrange complication de ruelles, de carrefours et de culs-de-sac, où l'on semble avoir évité la ligne droite et la symétrie avec le soin qu'on met ailleurs à les chercher. Les maisons empiètent sur la voie publique, où souvent ne passeraient pas de front deux ânes chargés, et y projettent les saillies de leur aménagement intérieur. On sent là le système moresque qui agrandit la demeure aux dépens de la rue. Ces maisons, bizarrement enchevêtrées les unes dans les autres et se touchant presque par le toit, ont des physionomies assez farouches. La serrurerie y abonde. Les rares fenêtres sont grillées avec un luxe de barreaux très-compliqués et très-ouvragés. Les portes, parfois surmontées de blasons, flanquées de colonnettes de granit, cintrées de nervures et ornées de boules, ont des ferrures formidables et sont semées de gros clous à pointe de diamant. Il faudrait un bélier ou du canon pour les enfoncer. Quand, par hasard, elles s'entre-bâillent, elles ne vous laissent pas pour cela pénétrer les secrets de ces intérieurs mystérieux comme des harems ; le regard rencontre un mur ; on entre dans la cour ou patio par une porte latérale. Ce n'est ni quelques heures, ni quelques jours, ni quelques mois, mais bien des années entières que nécessiterait l'examen un peu complet de ces mille détails si curieux, si caractéristiques, si instructifs pour l'archéologie et la science. Le dedans est encore plus intéressant que le dehors, à en juger par les deux ou trois maisons où la gracieuse complaisance des habitants nous a permis d'entrer. Que de choses admirables enfouies au cœur de ces constructions désordonnées, de ces pâtés d'édifices à moitié en ruine, que de délicates guipures arabes, que de frêles chapiteaux découpés dans le marbre, que d'inscriptions en caractères cufiques ornés de rinceaux et de feuillages, que de voûtes en stalactites et en alvéoles d'abeilles à la mode sarrasine, que de plafonds en cèdre du Liban à compartiments peints et dorés, enfouis et perdus sous une triple couche de chaux qu'un lavage ferait revenir au jour! Mais ce sont là des regrets superflus. Les villes ont leur existence comme les hommes, et l'on ne saurait faire revivre celles qui sont mortes.

Autrefois, nous avions remarqué entre ces logis moresques ou féodaux quelques façades pompadour, peinturlurées de couleurs tendres et agrémentées de feintes architectures. Elles ont bien pâli depuis vingt-quatre ans et l'on a eu le bon goût de n'en pas renouveler le badigeonnage. Nous ne les regrettons pas. Ces maisons fardées faisaient tache sur la couleur sombre et sévère de la ville.

San-Juan-de-los-Reyes, où nous arrivâmes après mille détours, porte encore à ses crochets les chaînes des chrétiens captifs délivrés par la victoire des Espagnols sur les Mores. On a relevé, autant qu'on a pu, son beau cloître en ruine, architecture ogivale si élégante et si frêle. Des trèfles évidés à jour, des fragments de balustrades découpées comme des truelles à poisson, des chapiteaux ouvrés et ciselés en bijou attendent, adossés au mur, qu'une restauration complète leur rende la place qu'ils occupaient et d'où les dévastations de la guerre les ont fait tomber; car on ne doit pas toujours accuser le temps de la mutilation des édifices. Les hommes en ont détruit plus que les années. Dans le réfectoire des moines, où l'on a installé un musée provincial, se voit au-dessus de la porte cette effroyable figure de cadavre en déliquescence de putréfaction qui, par sa poitrine ouverte, laisse échapper un serpent et de longs vers, lugubre image bien faite pour ôter l'appétit. Valdès Léal, le peintre de la pourriture, n'a rien fait de plus horrible. Les tableaux rassemblés dans cette salle au nombre de deux ou trois cents sont en général assez médiocres; ils proviennent de couvents supprimés. On y remarque un *Christ*, une *Sainte Famille* de Ribeira qui, sans valoir les chefs-d'œuvre du maître, ne sont pas indignes de sa brosse énergique et fière. Notons aussi un portrait de Torquemada, le grand inquisiteur, plus curieux comme document historique que comme peinture. Le reste, barbouillé de bitume, mélange d'ascétisme outré et de réalisme barbare, semble avoir fait partie de cette pacotille des Indes qui, partant de

Séville tous les ans, expédiait en Amérique des tableaux de sainteté à l'aune, et pour laquelle le grand Murillo lui-même travailla dans sa jeunesse.

L'église qui avoisine le cloître est du gothique fleuri le plus élégant; une tribune, dont la balustrade ressemble à une vraie dentelle de pierre, circule autour de la nef, s'arrondissant avec les piliers, épousant toutes les saillies et tous les retraits de l'architecture, rompant à propos la hauteur fuselée des colonnes, et formant le plus gracieux et le plus original motif d'ornementation. Le long de la corniche règne une inscription en l'honneur de Ferdinand et d'Isabelle la Catholique. Cet emploi des lettres comme thème de décoration rappelle tout à fait le goût arabe et les légendes de l'Alhambra : des fleurs, des feuillages se mêlent aux caractères gothiques tracés en relief et produisent un effet charmant; des têtes d'ange, des statuettes, des arcs brodés de fleurons et de crosses, de grands blasons aux armes de Castille et d'Aragon, des nœuds gordiens et des aigles, des chimères héraldiques, complètent cette merveilleuse ornementation.

Nous n'entreprendrons pas dans cette lettre rapide la monographie de la cathédrale, qui demanderait un volume. Ce prodigieux édifice est tout un monde, et chacune de ses chapelles pourrait former une église. A la cathédrale est joint un vaste cloître dont les murailles sont ornées de fresques peintes par Bayeu, artiste de la décadence, doué d'une étonnante facilité. Ces fresques, qui ne sont pas sans mérite, jurent avec le style sévère du monument : l'intérieur de la cathédrale est d'une magnificence au-dessus de l'imagination. Le maître-autel, ou retable, s'élève jusqu'aux voûtes, comme la façade d'un temple gigantesque enchâssé dans le premier. Il étincelle vaguement à travers l'ombre avec des miroitements d'or, des luisants de jaspe et de pierres précieuses. Cinq étages le composent, divisés chacun en quatre compartiments où s'entassent les statues, les colonnettes, les volutes, les rinceaux, les bas-reliefs, les peintures sur fond d'or et tout ce que la furie ornementale d'une dévotion ardente qui ne trouve rien d'assez beau pour Dieu, a pu concentrer de richesses sur un espace donné. Cela est majestueux, sombre et splendide. Au revers de ce retable se dresse le plus singulier, le plus colossal et le plus excessif échantillon du style *churrigueresque* qu'il soit possible de voir. Le style churrigueresque correspond en Espagne à ce que nous appelons le *rococo*. Cette machine se nomme le *transparent* et consiste en une gloire dont les énormes rayons dorés traversent des nuages de marbre, d'albâtre rubané, de jaspe où tourbillonnent des têtes de chérubins, où s'épanouissent des palmes, des chicorées, des draperies volantes, des ornements tarabiscotés d'une proportion géante : c'est le comble du mauvais goût, de la folie et de l'absurdité, mais l'effet n'est pas moins bizarrement grandiose, et quoique ce *transparent* dépare l'église, on ne voudrait pas le jeter par terre.

Indiquons en deux mots le chœur, œuvre merveilleuse de Berruguete, la chapelle mozarabe décorée de vieilles peintures représentant des combats d'Espagnols et d'Arabes sous les murs de l'ancienne Tolède et le débarquement des Sarrasins en Espagne, la chapelle du comte Alvar de Luna, la pierre où la Vierge posa les pieds lorsqu'elle descendit des cieux pour remettre à saint Ildefonse, son défenseur contre nous ne savons plus quel hérésiarque, la chasuble « en toile de soleil, » et enfin le *sanctuaire* de Notre-Dame, dont la garde-robe ferait envie aux impératrices et aux reines, et qui, les jours de fête, revêt un manteau brodé de deux cent soixante onces de semence de perle, de quatre-vingt-cinq mille grosses perles blanches et noires du plus bel orient et constellée d'étoiles de diamants, d'améthystes et de rubis en nombre immense et d'une valeur de plusieurs millions.

Devant cette Notre-Dame ainsi parée se tenait à genoux, dans une immobilité parfaite, un mendiant de l'aspect le plus étrange et le plus farouche. Il avait une courte barbe noire, de longs cheveux rejetés en arrière, un teint cuivré et de grands yeux fixes, démesurément ouverts sur quelque vision céleste, et dont les paupières ne palpitaient jamais. Ses mains croisées reposaient sur un bâton de berger recourbé en *pedum*. Un haillon bleu indescriptible, des grègues de toile, des chiffons retenus autour des jambes par des cordelettes composaient son costume. Il était sublime. La foi, l'adoration, l'extase, faisaient visiblement rayonner sa face et nous n'aurions nullement été surpris de le voir s'enlever au-dessus du sol comme sainte Madeleine dans sa grotte par la seule force de la prière.

Santa-Maria-la-Blanca, el Taller-del-Moro, qu'on ne devinerait pas derrière les murs de pisé qui les cachent, sont d'anciennes synagogues qui vous transportent en Orient par leurs piliers aux chapiteaux évasés, leurs arcs en fer à cheval, leurs murailles blanchies à la chaux et leurs toits plats. Nous les visitâmes à la hâte. L'heure du chemin de fer approchait, et nous eûmes à peine le temps de jeter un coup d'œil sur le panorama de la ville du haut de l'élégant Alcazar de Covarrubias.

Une heure après, par la vitre du wagon, nous regardions s'évanouir dans les splendeurs d'un ardent coucher de soleil la magnifique silhouette de Tolède, et nous poussions un long soupir de regret. La reverrons-nous encore? Qui sait?

XVIII

La mine imposante et fière d'Avila, que nous avions aperçue de la station du *ferro carril* en allant à Madrid, nous avait fait une vive impression, et nous nous étions bien promis de nous y arrêter au retour. Dans notre premier voyage en Espagne, nous n'avions pas vu Avila, où alors nulle route n'aboutissait et qui était comme perdue au sein de vastes solitudes. La vie abandonnait lentement la vieille ville, que le chemin de fer va rendre accessible désormais à la curiosité des touristes et rattacher au réseau de la circulation générale. De la gare, on aperçoit à quelque distance Avila, serrée dans son corset de murailles et coiffée de sa couronne de tours. C'est ainsi qu'elle apparaissait il y a déjà bien des siècles aux hommes vêtus de buffle ou bardés de fer, qui chevauchaient par les âpres sentiers de la montagne. Son aspect n'est changé en rien. Aucune retouche moderne ne l'a gâtée, elle présente toujours la physionomie intacte d'une ville du moyen âge. C'est une chose étrange que de voir se dresser ainsi en plein soleil le spectre du Passé et que de se promener dans le décor resté en place où des acteurs disparus ont joué le drame de la vie avec des passions et des croyances si différentes des nôtres. On y marche comme en un rêve sans être sûr de son identité, et il semble qu'au tournant d'une rue on va rencontrer un cortége de chevaliers armés de pied en cap, roides sur leurs hautes selles et laissant voir par leurs visières entr'ouvertes des figures pareilles à celles des guerriers de marbre couchés sur les tombeaux des cathédrales. Cette sensation bizarre, Avila vous la donne dans toute son intensité et sa poésie. C'est la plus forte, à notre avis, que puisse procurer le voyage : vous étiez sorti de votre pays; elle vous sort de votre temps; et qui n'a souhaité, par un désir rétrospectif, vivre un instant dans les siècles évanouis?

Une tartane-omnibus nous conduisit du chemin de fer à la ville, et s'arrêta devant une espèce de parador. Notre principe, en voyage, est d'aller tout de suite à la cathédrale. C'est comme le cœur de la cité, et autour de ce centre se groupent les plus anciennes constructions et se noue l'écheveau des vieilles rues. Au bout de quelques détours, nous arrivâmes, en passant sous l'arcade d'un monument à demi ruiné, portant une longue inscription où se déchiffrait le nom de Sa Majesté Très-Catholique le roi Philippe II, à une place assez vaste, entourée de maisons à portail armorié et de palais qui n'avaient gardé de leur splendeur que les quatre murs et quelques restes d'ornements sculptés. Au milieu de cette place s'élevait la cathédrale, mieux dégagée que ne le sont d'ordinaire les églises du moyen âge. Sa construction primitive date des rois goths; mais elle a été réédifiée par les ordres du roi Alfonse VI, en 1107, ce qui fait encore un âge fort respectable. Ce qui la distingue, c'est un caractère de sobriété robuste. Ses solides murailles de granit sembleraient pouvoir soutenir encore un siége, et son clocher est crénelé comme une tour. Le sanctuaire s'enveloppe d'une forteresse. Devant le portail, des lions héraldiques barbarement sculptés mâchent d'un air furieux un mors de fer d'où partent des chaînes qui les relient entre eux. De chaque côté de la porte, montent la garde deux statues représentant un homme et une femme sauvages tout couverts de poils frisés comme ceux des ours. Quand on pénètre dans la cathédrale, on est frappé de sa nudité austère qui contraste avec le luxe d'ornementation des églises espagnoles. La teinte sombre du granit dont sont faites les colonnes et les voûtes, jointe au rembruni du temps, donne à l'intérieur de l'édifice cette mélancolie mystérieuse et cette tristesse romantique qu'on cherche vainement dans les églises en style gothique du Midi. L'ombre s'entasse au fond des chapelles, où miroitent vaguement quelques reflets de dorures, et partout règne un demi-jour favorable à la prière et au recueillement, car les fenêtres sont étroites et pareilles à des meurtrières. Aucun badigeon, aucun coloriage n'empâte les nervures des arcs ni les parois des murailles, et le vieux monument garde la précieuse patine des siècles. On nous montra dans une chapelle ou salle de sacristie d'assez curieux bas-reliefs en bois peint et verni qui ressemblaient par leurs luisants à des majoliques blanches. Le retable était orné d'un grand bas-relief en marbre alabastrin extrêmement poli et brillant, qui représentait avec des élégances, des allongements et des torsions de décadence florentine, un sujet religieux dont le titre nous échappe; mais cette chapelle à part, peu visible, à moins d'y être conduit par un sacristain, ne dérange pas avec sa note relativement moderne la grave harmonie de l'ensemble.

En sortant, nous remarquâmes, au coin d'une rue aboutissant à la place, un ancien mirador style renaissance pris dans l'angle même de la maison, où il forme un pan coupé, disposition originale et gracieuse dont notre mémoire nous fournit peu d'exemples. La fenêtre donnant sur ce balcon était misérablement obstruée de pierrailles. Les rues d'Avila ont une physionomie assez farouche, qu'elles doivent en partie à la pierre d'un gris noirâtre empruntée sans doute aux roches voisines de la Guadarrama dont les façades des maisons sont revêtues, et aussi au caractère de leur architecture; les portes à gros clous et à lourdes ferrures, flanquées de colonnettes en granit et historiées de blasons, y abondent comme à Tolède; les fenêtres ne s'ouvrent que juste assez pour admettre le rayon de jour indispensable. Quelques boutiques ont essayé de s'installer dans ces demeures rébarbatives où se lit le sentiment de la défense si dominant au moyen âge; mais leurs écriteaux semblaient tout honteux et tout dépaysés sur ces murailles habituées aux nobles devises et aux héroïques cris de guerre des armoiries. En dépit de la couleur locale, il faut bien que les habitants d'Avila mangent, boivent, fument, s'habillent, se chaussent, et le touriste enthousiaste doit tolérer qu'il y ait dans la ville un certain nombre de marchands pour leur fournir les denrées de première nécessité. Sachons-leur gré de n'avoir pas arrangé leur ville à la moderne et de ne pas faire venir leurs vêtements de *la Belle Jardinière*. La grande rue était relativement assez animée, mais bientôt, de ruelle en ruelle, nous tombâmes sur des places vagues, bordées de maisons délabrées et de couvents déserts, où erraient des chiens fauves à mine suspecte. Nous étions arrivés au mur des fortifications. Des chemins de ronde, des escaliers pour le service des créneaux, des retraites pour les hommes d'armes, et mille détails d'architecture guerrière à ravir Viollet-Leduc trouvaient leur place dans l'épaisseur du rempart. Après avoir contemplé tout ce curieux aménagement de défense, inutile aujourd'hui, et qui n'a gardé que sa beauté pittoresque, nous sortîmes par une des neuf portes de la ville qui s'ouvrait précisément où le hasard avait conduit nos pas, pour regarder du côté de la campagne les fortifications que nous venions d'examiner en dedans.

L'enceinte qui entoure Avila forme une sorte d'hexagone irrégulier, où ni les hommes ni le temps n'ont ouvert aucune brèche. Les Sarrasins pourraient se présenter sous ces remparts, les chevaliers chrétiens les recevraient de la belle façon. Il n'y manque pas une pierre, et le Vauban du moyen âge qui les a construits n'a rien négligé des défenses que l'époque mettait à sa disposition. Chose singulière! ces murailles sont bâties en pierres polygones comme les murs cyclopéens, du moins dans les portions inférieures, sans doute les plus anciennes. Elles ne paraissent pas avoir été jointes par du ciment : un certain nombre de créneaux sont échancrés à la moresque comme ceux des remparts de Séville. A des distances assez rapprochées pour protéger l'espace intermédiaire, s'élèvent des tours arrondies plutôt que rondes, car le côté par lequel elles s'engagent dans la fortification est de forme berlongue, ce qui leur permet une plus forte projection. Leur sommet est denticulé de créneaux assez profondément entaillés. Aux portes, les tours et les murailles ont des collerettes de mâchicoulis d'où les assiégés pouvaient faire pleuvoir sur les assiégeants le plomb fondu et l'huile bouillante. Nous ne savons si ce moyen de défense était très-efficace; mais, à coup sûr, rien n'est plus élégant que ce balcon évidé en dessous et soutenu par des consoles qui couronnent le faîte des fortifications. Tout cela, mordoré de soleil, délavé de pluie, confit dans toutes les sauces du temps, a des jaunes fauves, des bruns chauds, des gris riches que la palette de Decamps aurait seule pu rendre. L'aspect en est grave, chevaleresque et sévère comme la vieille Castille — *Castilla la vieja* — dont Avila faisait autrefois partie.

Pour des poëtes, Avila est l'idéal de la ville forte. Ces tours et ces remparts, dont riraient des ingénieurs modernes, figurent à l'imagination le type de l'inexpugnable par leur puissant et pittoresque relief. De leur base, la vue s'étend sur une large plaine ondulée de collines qui se relèvent bientôt en montagnes à l'horizon. Quelques fermes, quelques *pueblos* de peu d'importance s'y dessinent à côté de bouquets d'arbres; il y en a juste assez pour animer le paysage sans nuire à la solitude grandiose du site.

En suivant, pour revenir à la ville, le chemin hors des murs, notre attention fut attirée par une vieille église, l'église de San-Vicente, si notre mémoire ne nous trompe, qui de loin nous semblait en ruine, et qui était, au contraire, en reconstruction. On répare avec beaucoup de tact, de discrétion et de goût, les portions près de s'écrouler. Fait de la même pierre, taillé dans le même style, le morceau neuf se distingue difficilement de l'ancien, et la colonnette placée d'hier ressemble tant à sa sœur aînée, qu'on les croirait du même âge. San-Vicente, dont les fenêtres plein cintre remontent à l'époque romane, a un narthex comme Saint-Marc de Venise, c'est-à-dire une espèce de vestibule ou de porche couvert appliqué extérieurement à l'édifice et sous lequel les fidèles peuvent se promener ou s'asseoir en attendant que les portes s'ouvrent pour les offices. Des inscriptions funèbres se lisaient sur les dalles, des tombeaux aux figures et aux ornements émoussés s'encastraient dans les murs, et des enfants jouaient là, insoucieux des morts que notre œil visionnaire voyait à travers le pavé rendu informe, poussière oubliée dans des débris de cercueil. L'un de ces enfants nous frappa par son caractère gracieusement étrange. Il ne jouait pas et se tenait immobile et sérieux comme une apparition du temps passé dans son costume ancien, d'une exactitude et d'une propreté irréprochables. Il avait le chapeau pointu, la veste et le gilet de drap bleu relevés de quelques soutaches de soie, la ceinture serrée sur les hanches, la culotte courte, les bas drapés et les souliers à boucles. Il était si mince, si fluet, si délicat, qu'on eût dit une ombre; mais son œil noir se fixait sur nous avec une vie intense et dédaigneuse, comme s'il méprisait nos affreux costumes modernes et nos personnes par trop actuelles.

Nous aurions bien voulu visiter le couvent qui s'élève à la place de la maison où naquit sainte Thérèse, la Sappho de l'extase, la grande lyrique chrétienne, la sainte la plus délicieusement femme, la passion la plus éthérée et la plus divine, la flamme ardente à brûler le corps comme un grain d'encens, l'amour du ciel le plus désintéressé qui fut jamais; sainte Thérèse, l'honneur, l'édification et la gloire d'Avila! dans la chapelle de ce couvent, dont on a fait, singulière idée, une bibliothèque et un conservatoire de déclamation, se trouvent un buste et un portrait de la sainte, avec quelques débris des meubles de sa cellule; mais il fallut y renoncer, le temps nous pressait. Parti par le convoi du matin, nous devions reprendre le convoi du soir; nous n'avions pas dîné, et nous ne savions trop comment retourner à la station, où notre repas commandé nous attendait. En errant, nous débouchâmes sur une place d'un aspect pittoresque. Une des portes de la ville, avec son bloc de tours à mâchicoulis, en occupait un des côtés; à l'opposite, une église d'apparence romane recevait un coup de soleil si à propos, que les détails de sa façade en prenaient un relief extraordinaire. De vieilles maisons, portant sur des piliers qui formaient galerie, garnissaient les autres côtés. A l'angle d'une ruelle donnant sur la place, un omnibus dételé se reposait nonchalamment. Ce ne fut pas sans de grands frais d'éloquence que nous déterminâmes le cocher qu'on était allé chercher, et qu'on interrompit dans une promenade sentimentale avec sa *novia* (fiancée), à harnacher un cheval et à l'accrocher à la machine, tant notre idée lui semblait absurde.

Un second discours le décida, non sans peine, à placer le deuxième cheval près du premier. Tout en se trémoussant autour de ses bêtes, il faisait des objections : « Le convoi ne passerait que dans une heure et demie; il valait mieux attendre. Prendre un omnibus à soi tout seul! quelle coûteuse folie! On n'en serait pas quitte à moins d'un douro (5 francs). Nous avions donc arrêté le galion des Indes! » Et il regardait d'un air dédaigneux mêlé de quelque soupçon notre accoutrement de voyage, passablement délabré et tout gris de poussière. Nous étions installé depuis un quart d'heure dans la voiture quand il grimpa sur le siège en faisant un indescriptible mouvement d'épaules qui pouvait se traduire : « Les étrangers sont tous fous! Mais, puisqu'ils payent, au diable! cela les regarde. » Un coup de fouet appliqué à l'échine des deux rosses mit le véhicule en mouvement et rompit le cercle de curieux qu'arrondissait autour de l'omnibus cet inexplicable départ à une heure insolite. Ils nous contemplaient avec ébahissement, tâchant de comprendre, et livraient leurs visages à nos observations, ne se doutant pas que le spectacle les regardait. Le type de la vieille Castille nous parut dominer parmi le groupe : c'étaient des masques assez courts, des fronts bas, des yeux noirs et profonds, une physionomie forte, triste et sérieuse.

Bientôt nous arrivâmes à la gare du *ferro carril*, où notre couvert était mis dans le buffet de la station, enchanté d'Avila et de notre rapide excursion ; cependant, nous emportions un *desideratum* : nul plaisir humain n'est complet. Avions-nous lu quelque part, ou nous l'avait-on seulement raconté, que des habitants d'Avila s'étant refusés jadis à payer une taxe à nous ne savons plus quel roi, ce roi avait fait sculpter en signe d'infamie un porc sur la maison des récalcitrants? Avec le temps, cette marque de déshonneur était devenue un blason d'honneur. Comme elle était fort ancienne, elle faisait preuve de noblesse et datait une famille. Cette historiette nous sortit d'un arrière-tiroir de la cervelle pendant que nous parcourions la ville. Mais, ni avec l'œil, ni avec le lorgnon, ni avec la lorgnette, nous n'avons pu découvrir le moindre cochon. Ce cochon manque à notre bonheur, comme la rose bleue à la félicité du fleùriste!

IX

En voyage, on visite les villes, les monuments, les sites qui ont acquis quelque célébrité. Il est rare qu'on regarde le chemin lui-même, qui semble n'être fait que pour conduire où l'on veut aller. Ici, ce n'est pas la même chose : le chemin est une merveille qu'on ne saurait trop louer ; mais l'esprit humain s'accoutume si vite aux prodiges de la science moderne, qu'il paraît tout naturel de franchir au vol de la locomotive des cimes où le pied du chasseur d'aigle hésiterait. Et puis, il faut le dire, les wagons sont construits de manière à borner la vue et à empêcher de saisir les étonnants travaux sur lesquels on passe avec la rapidité de l'éclair. Les viaducs ne s'aperçoivent pas ou ne sont sensibles que par l'abîme soudain creusé entre deux montagnes que relie leur suite d'arches audacieuses superposées comme celles du pont du Gard. On est englouti par la gueule noire des tunnels sans qu'on ait pu voir leur arcade sombre se découper sur le flanc du roc. La hauteur des tranchées qui coupent une crête en deux, l'entassement énorme du remblai, faisant d'un gouffre une plaine, vous échappent également. Il faudrait que les wagons, disposés comme des salons et non comme des diligences perfectionnées roulant sur des rails, eussent à leur extrémité une plate-forme entourée de balustrades d'où l'on pût embrasser l'horizon et apprécier les détails du chemin. Entre Avila et Madrid se trouvent d'immenses travaux d'art qu'imposait la nécessité de franchir la sierra de Guadarrama. Quand les bons matériaux manquaient pour les tunnels, on a rasé les cimes, écrasé les roches et on a jeté les montagnes dans les vallées. A de certains endroits, d'énormes remblais — l'un d'eux ne mesure pas moins de quarante-cinq mètres d'élévation — remplacent parfois les viaducs trop difficiles à exécuter en des lieux si sauvages. Des tunnels troués dans le granit traversent les crêtes d'un escarpement trop brusque et trop ardu ; on est à peine sorti de l'un qu'on entre dans l'autre. A Naval-Grande, le point culminant de la ligne, sous le portachuelo de Robledo, se fraye une voie le plus long souterrain du parcours. Il n'a pas moins de 918 mètres d'étendue, passe à 760 mètres au-dessus du niveau de la mer ; et de chaque côté de la route, pendant une partie de ce trajet, sur les pentes des montagnes, une immense forêt de pins, appartenant au duc de Medina-Sidonia, déploie sa verdure noire.

A partir d'Avila, le chemin de fer se tranquillise et parcourt sans tant d'efforts des sites plus praticables. Bientôt la nuit vint et jeta son voile sur le paysage. Nous passâmes près de Valladolid, notre vieille connaissance, qu'on nous dit être fort changée, sans entrevoir sa silhouette, où maintenant aux clochers se mêlent de hautes cheminées d'usine ; car elle est devenue manufacturière, industrielle, commerçante. La vie abonde dans ses rues autrefois si désertes, et le marché de grains des deux Castilles s'y rencontre. Nous ne vîmes pas non plus les deux beaux ponts elliptiques qui traversent le Duero et l'Adaja, qu'on rencontre avant d'arriver à Valladolid lorsqu'on vient de Madrid. Les voyages, de quelque façon qu'on les arrange, ont toujours des heures noires, et il se trouve des maculatures indéchiffrables aux pages les plus intéressantes. Ne pouvant pas tout voir, on doit se contenter de voir quelque chose. La vie humaine est faite d'incomplet.

Mes compagnons ne connaissaient pas Burgos. Le train y arrivait de grand matin, et, en sacrifiant le déjeuner, on avait le temps, jusqu'à l'arrivée du second convoi, de jeter à la hâte un coup d'œil sur la cathédrale. La gare du *ferro carril* est sur la rive de l'Arlanzon, et nous entrâmes dans la ville par cette belle porte de Sainte-Marie, élevée en l'honneur de Charles-Quint, où se cambrent des statues d'une fière tournure dans le goût espagnol-flamand. Burgos n'a plus cet air de grandesse délabrée et de misère héroïque qui le caractérisait autrefois. S'il garde sa fierté castillane, il a remplacé par un bon manteau presque neuf cette cape en dents de scie, ayant la couleur et la consistance de l'amadou, dans laquelle il s'embossait pour prendre le soleil le long de sa muraille en ruine. Sans métaphore, la ville a beaucoup gagné au point de vue moderne. — Il va sans dire que nous l'aimions mieux comme elle était jadis ; mais nous sommes un romantique incorrigible. De *belles* maisons s'y élèvent de toutes parts sur les démolitions des anciennes, et l'air actuel s'y substitue peu à peu à la physionomie du passé. Cela est naturel, nous le savons bien. On ne peut pas plus habiter les logis des aïeux qu'on ne peut porter leurs habits démodés et devenus d'une coupe ridicule. Pourtant, une maison neuve dans une vieille ville nous contrarie toujours. Elle n'a pas vécu, elle ne sait rien, elle est inerte, car le long séjour de l'homme ne lui a pas donné d'âme.

L'immense hôtel où nous avions déposé nos malles et lavé nos mains et notre figure poudreuse ne ressemblait guère à la fonda purement espagnole qui nous avait hébergé jadis et à laquelle faisait face une boutique de chirurgien-barbier dont l'enseigne représentait l'opérateur, aidé de son élève, coupant le bras à un patient assis sur une chaise. On y aurait demandé un bifteck, du thé et du beurre, on les aurait obtenus.

Pour aller à la cathédrale, nous traversâmes cette

grande place bordée de maisons rouges supportées par des piliers de granit bleuâtre dont l'aspect rappelle vaguement, celui de la place royale à Paris, et au milieu de laquelle s'élève une statue en bronze de Charles III, remarquable par le développement monumental de son nez. Autrefois, elle était peuplée de gaillards truculents et farouches, superbement drapés de guenilles indescriptibles, prêts à poser pour l'Ésope et le Ménippe de Velasquez, le pouilleux de Murillo, les bourreaux de l'Espagnolet et les gnomes de Goya ; maintenant, des bourgeois et des paysans bien vêtus, à l'honneur de la civilisation et au détriment du pittoresque, s'y promènent et y causent d'affaires avec un air de prospérité ; mais la cathédrale n'a pas changé, c'est toujours l'admirable monument qu'on ne saurait se lasser de voir et qui vous étonne comme si on ne l'avait jamais vu.

Comme la plupart des églises gothiques, la cathédrale de Burgos est enfouie à moitié dans des constructions parasites. Les maisons jadis se serraient contre la maison de Dieu, s'accrochaient à ses pans, se tapissaient entre ses contre-forts, oblitéraient et empâtaient ses arcades ; on ne dégageait pas les édifices, l'espace était rare dans les villes ordinairement fortifiées ou au moins ceintes de remparts, et les merveilleux architectes du moyen âge ne paraissent pas avoir eu le sentiment de laisser autour de leurs œuvres splendides, églises ou palais, le vide nécessaire pour la reculée et la perspective. Les monuments gagnent-ils à être isolés au milieu de vastes places nues qui les absorbent et en diminuent la grandeur? Ces constructions disparates, la plupart chétives ou grossières, qui encombrent les abords des vieilles cathédrales, font, comme on dit en peinture, d'excellents repoussoirs et servent d'échelle pour faire sentir la dimension colossale de l'édifice dont elles ne masquent que les portions inférieures. Les hautes nefs, les clochetons élancés, les flèches ouvrées à jour, semblent jaillir avec plus de force, de légèreté et d'ardeur, de ce tumulte de toits désordonnés qui les pressent de toutes parts, que si elles montaient librement dans l'air vide. D'ailleurs, ce qu'on ne voit pas de près, on le voit admirablement de loin. Quand on se promène sur les bords de l'Arlanzon, la cathédrale se détache d'un seul bloc au-dessus des maisons de Burgos, qui ne lui vont pas à la cheville, et l'on en peut saisir d'un coup d'œil la silhouette magnifique. A mesure qu'on s'éloigne, la ville s'abaisse et la cathédrale grandit. Ses deux flèches évidées, aux arêtes brodées de fleurons et de crosses,

ses clochetons et la tour octogone, gigantesque bijou de pierre, posée comme une tiare, produisent un effet plein d'élégance, d'audace et de richesse.

La cathédrale a été construite au XIIIe siècle, du consentement du roi saint Ferdinand, sur l'emplacement de son palais. Chaque siècle jusqu'au XVIe y a travaillé, ajoutant une beauté, un ornement, une merveille. Le XVIIe, en l'honneur du bon goût, a gratté jusque la première frise un ravissant portail tout historié de statuettes, d'arabesques, de rinceaux, de chimères, comme entaché de barbarie gothique. Il est heureux que cette tentative de ramener cet art efflorescent à la sobriété classique n'ait pas été poussée plus loin. Raboter la cathédrale de Burgos par amour de la ligne droite, voilà une imagination ! Notre époque, si elle a perdu le secret de bâtir des cathédrales, sait au moins les comprendre et les respecter. Elle n'y touche que pour remettre à la place de la pierre tombée une pierre absolument pareille.

C'était la troisième fois que nous visitions ce prodigieux édifice, et notre impression n'en fut pas moins vive. Connaissant déjà l'ensemble, si jamais on peut connaître ce monde de merveilles, nous en goûtions les détails avec une curiosité moins fiévreuse. Nous revîmes cet immense bas-relief, divisé en plusieurs compartiments par des architectures d'une délicatesse inouïe, où l'imagier Philippe de Bourgogne a représenté, derrière le chœur, le grand drame de la Passion, inépuisable thème de chefs-d'œuvre pour la statuaire et la peinture ; la chapelle du connétable, qui renferme les tombeaux en marbre blanc de don Pedro-Fernandez Velasco, connétable de Castille, et de sa femme ; cette bizarre chapelle de sainte Thècle, d'une si étonnante folie d'ornementation en style churrigueresque ; la chapelle du duc d'Abrantès, avec son gigantesque arbre généalogique de Jésus-Christ, si touffu, qu'il semble une forêt portant des patriarches sur ses branches en laissant luire le soleil et la lune à travers ses rameaux supérieurs ; cette menuiserie du chœur ou *silleria*, d'un caprice si inépuisable et si charmant ; ses retables d'une magnificence inouïe qu'autrefois nous avions essayé de décrire, — la jeunesse ne doute de rien et elle a bien raison ! — enfin tout ce que la cathédrale contient de beautés, de trésors et de prodiges. La tête renversée, nous contemplions ce puits aérien, ce gouffre vertigineux aux parois efflorescentes d'ornements, de colonnettes, de nervures, de stalactites sculptées, de niches à dais et à consoles de saints, de chérubins et d'anges qui forment l'intérieur de la tour octogone posée au point d'intersection des nefs. Dans la sacristie, nous jetâmes un regard au coffre légendaire du Cid, et nous consacrâmes les derniers instants que nous laissait l'heure impérieuse, — car les chemins de fer, plus stricts encore que les rois sur l'étiquette, ne disent pas : « J'ai failli attendre, » ils partent en sifflant, — à regarder la Madeleine de Léonard de Vinci enchâssée dans la boiserie de la chapelle du connétable et l'admirable *Vierge tenant l'Enfant Jésus sur ses genoux*, chef-d'œuvre absolu qui ne peut provenir que d'un carton dessiné par Michel-Ange et peint par Sébastien del Piombo. Nous ne connaissons pas de gravure de ce tableau splendide, qu'on pourrait mettre à côté de la *Madone de saint Sixte*.

Une toile du peintre chartreux don Diego de Leyra, d'un mérite secondaire, mais d'un aspect bizarre, féroce et romantique, représentant le martyre de sainte Casilda, qui regarde le ciel avec extase, malgré l'affreuse blessure de sa poitrine, nous avait frappé autrefois. Elle était toujours à sa place, un peu rembrunie par le temps écoulé. Les deux seins coupés de la jeune vierge, lis semant des rubis, saignaient dans leur plat d'argent et l'ange apportait sa palme d'un air tranquille, comme habitué à de pareils messages et familiarisé avec la vue des supplices. Nous lui avions adressé un sonnet, que nous transcririons bien ici s'il n'était honteux de se citer soi-même.

La célèbre *casa del Cordon*, — ainsi nommée du grand cordon de l'ordre teutonique qui relie les armoiries royales et celles des Velasco, des Mendoza et des Figuerroa, se noue en lacs compliqués, et court en listel sur les angles saillants de l'architecture, — se trouve maintenant enclavée au milieu de maisons neuves formant la place de la Liberté, de création toute récente, et démontre une fois de plus la supériorité des architectes du moyen âge sur ceux d'aujourd'hui.. Le patio intérieur, à double rang d'arcades, est d'une élégance charmante.

Au sortir de Burgos, le chemin de fer côtoie de très-près l'ancienne route. Les stations avoisinent les relais où jadis l'on accrochait au courrier ces longues files de mules rétives dont le départ s'opérait dans un tourbillon de coups de trique et avec un triomphant tintamarre de grelots. Quintanapalla, Castil de Peones, Ameyugo, Cubo, misérables villages tombant en ruine il y a une vingtaine d'années et qui n'offraient au voyageur pour toute population que quelques enfants déguenillés et quelques spectres hâves en manteau d'amadou, appuyés à des murailles cuites de soleil, sont en train de devenir des bourgs considérables. A partir de Briviesca, la vallée se resserre en gorge, ses pentes se redressent en rochers, et la voix ferrée se fraye comme elle peut passage entre la route de terre et l'Oroncillo, petite rivière torrentueuse qui bouillonne au fond de l'étroite coupure, et qui sera forcée désormais d'être utile en faisant tourner des roues d'usine. Quand un village la gêne, elle l'écorne ou l'enjambe avec cet aplomb des chemins de fer qui ne doutent de rien. Du wagon, l'on aperçoit, de l'autre côté du torrent, le défilé de Pancorbo, avec sa gigantesque arche de rochers sous laquelle passe le *correo*, l'impériale, chargé de miquelets, en grande transe des brigands, à qui ces anfractuosités de rocher et ces étranglements de gorge offraient de tentantes facilités d'embuscade. Il serait puérilement romanesque de regretter ce temps. Cependant le cœur, à cet endroit-là, battait un peu plus fort aux plus braves et aux plus flegmatiques; on avait une émotion; et, quand, à l'issue du défilé, on n'avait vu le canon d'aucune carabine ou d'aucun tromblon s'abaisser dans la direction de la voiture, on poussait un léger soupir de soulagement, et l'on racontait quelle belle défense on aurait faite en cas d'attaque. Sans doute, les brigands privés de leur industrie se sont faits terrassiers ou cantonniers, et, la main sur le cœur, le bras étendu, indiquent que la route est libre. C'est plus moral sans doute, mais moins pittoresque, du moins dans le sens où nous entendions autrefois le pittoresque.

A Miranda, l'on traverse le Zadorra et l'Ebre, et l'on poursuit jusqu'à Vitoria sans s'éloigner de l'ancienne route de terre. Mais, arrivé à ce point, le chemin de fer fait un coude et se dirige vers Alzagua, et, se retournant vers l'ouest, gagne Villafranca et s'engage résolûment dans la montagne, qu'il surmonte à force de remblais, de tranchées, de tunnels, de viaducs et de travaux d'art. A chaque instant, des perspectives subites, visions éblouissantes, s'ouvrent entre deux escarpements; de fraîches vallées se creusent en abîmes de verdure, des villages apparaissent et disparaissent en un clin d'œil avec leurs clochers. Aux stations, des chariots à bœufs, dont les roues sont pleines comme celles des chariots homériques, attendent les paquets du chemin de fer et font contraster tout naturellement la barbarie primitive avec le dernier mot de la locomobilité. Voilà, nous l'espérons, un vocable agréable et tout à fait moderne! Après avoir longé Tolosa, Ernani, Saint-Sébastien, on se retrouve à Irun, le point de départ de l'excursion, et l'on prend poliment congé de son lecteur, s'il a eu la patience de vous suivre jusque-là.

UNE PROMENADE AU HASARD

Aujourd'hui, si vous le voulez bien, nous vous mènerons faire un tour avec nous aux Champs-Élysées, en pleines réjouissances publiques. Si les divertissements du peuple *le plus spirituel de la terre* ne vous paraissent ni fort ingénieux, ni de bien bon goût, ne nous en sachez pas mauvais gré.

En traversant la place de la Concorde, ne négligez pas de jeter un coup d'œil sur la fontaine.

Vous y verrez, entre autres figures plus ou moins allégoriques et mythologiques, le Triton et la Tritonne d'Antonin Moine.

C'est bien le vrai Triton d'opéra comme l'entendait Boucher ou Vanloo ; on ne peut rien imaginer de plus recourbé, de plus marin, de plus glauque et de plus squameux.

La Néréide est coiffée de pétoncles, de coraux et d'algues avec un goût infini; ses bracelets et ses colliers de coquillages lui donnent une grande richesse ornementale qui convient tout à fait à une figure de décoration. Les autres personnages, assis en rond sous la vasque de la fontaine, comme des revendeuses de la halle sous leur parapluie de toile rouge, n'ont rien de bien élégant, et contrastent, par leur roideur et leur gaucherie, avec la désinvolture et la vivacité des statues d'Antonin Moine.

L'eau jaillit de la gueule de thons, de dauphins, et autres pièces de marée convenablement percées de trous à cette intention.

Quand on ne voit plus les figures du piédouche qu'à travers la frange de cristal et la pluie de perles qui tombe du bassin supérieur, l'aspect général ne manque pas d'un certain effet touffu et riche.

Nous avons attendu l'eau avec impatience, car ce qui caractérise surtout les monuments de ce genre, c'est l'absence complète de ce que nos pères appelaient l'élément humide; dans une fontaine, il y a du bronze, du fer, du plomb, du ciment, de la pierre de taille : il y a de tout, excepté de l'eau.

A Paris, c'est une vraie sinécure que l'emploi de fontaine; cependant celle-ci est si près de la rivière, qu'il eût fallu une mauvaise volonté réelle pour rester à sec : elle aura fort à faire, même avec l'aide de ses sœurs, pour rafraîchir la désolante aridité de ce Saharah de poussière et de bitume fondu où les promeneurs s'engluent et se prennent par les pieds comme les mouches sur du raisiné.

Nous avions déjà fait la rencontre de métiers étranges, — tels que retourneurs d'invalides, promeneurs de chiens convalescents, répétiteurs de perroquets pour les langues mortes, culotteurs de pipes, employés aux trognons; mais nous ne connaissions pas le marchand d'habits sur place.

Le premier individu de ce genre nous est apparu, vers deux heures après-midi, à l'entrée des Champs-Élysées, du côté du quai de Billy, dans la latitude du restaurant Doyen.

Ce marchand était un gros homme avec une grande figure sculptée en masque de polichinelle, des favoris roux et des yeux de faïence à fleur de tête; un vrai prototype de Dulcamara et de Fontanarose.

Il avait les mouvements prestes et faciles, comme un arracheur de dents ou un avaleur de sabres.

Son magasin était contenu dans une petite voiture qui lui servait en même temps de tribune.

De ce magasin, il tirait des vêtements de toute sorte : pantalons, gilets, habits, casquettes, cravates, — enfin, tout ce qui sert à décorer le Français et à le mettre dans son beau jour.

— Regardez cet habit noir, criait-il à pleins poumons : il est fort propre, presque tout neuf; il a été porté deux ou trois ans, tout au plus. — Un habit acheté au Palais-Royal n'aurait pas meilleure tournure. Voyez comme il va bien! (L'orateur passe l'habit, où il entre en se rapetissant comme un pantin à coulisse, car il est beaucoup trop étroit pour lui.) Comme il dessine la taille! Quel chic ça vous donne! Un jeune homme qui se promènerait sur le boulevard une heure par jour avec cet habit-là sur le dos, épouserait une riche héritière, ou serait enlevé par une Anglaise.

» Allons, à quarante sous l'habit!... Trente sous!

» Vous ne me croirez pas si vous voulez; eh bien, ce *frac* a coûté, tout neuf, quatre francs dix sous! — Non! pour un tigre à cinq griffes (cinq francs), je ne voudrais pas en établir un pareil; et, cependant, je le laisse à trente sous, parce que c'est jour de fête.

» Passez, messieurs, passez le Jacques savonné (la pièce de trente sous), et remettez l'article à *mossieu*. Tous les hommes sont frères, et les amis ne sont pas des Turcs; il faut s'entr'aider. — Adjugé l'habit!

» Voici un gilet fond blanc à petits bouquets : faites attention à ces fleurs, *c'est pis* que la nature, tant c'est frais et gentil. — Combien pensez-vous que je le vende? Trois francs? Non, messieurs. — Deux francs? Encore moins; me prenez-vous pour un fripon, pour un tailleur? — J'ai servi sous l'autre, tel que vous me voyez, et j'ai des principes.

» Ce gilet vaut un franc, et je le vends quinze sous, parce que je gagne sur la quantité. Vive Napoléon, et zut pour les Prussiens! — Adjugé le gilet!

» Dites donc, jeune homme, là-bas! — Ohé! jeune homme! vous êtes indignement culotté, mon cher! Quel est le cuistre, quel est le sauvage, quel est le *feigniant* (passez-moi l'expression) qui vous a emmitouflé comme ça les 77 (jambes)? Avec un physique comme le vôtre, je rougirais de garder un pantalon pareil une minute de plus.

» Tenez, j'ai là précisément votre affaire; — un cuir de laine plein la main, eau du Nil plombée; — couleur à la mode; ça n'a été retourné que deux fois; il vous ira comme un gant, et vous fera une jambe d'officier. Donnez-moi le vôtre, et vous payerez un canon de retour; pas plus malin que ça! — Je suis rond en affaires, moi; tous les grands négociants sont ronds.

L'orateur rit beaucoup, et frappe sur son ventre.

L'échange a lieu sur la place, derrière un officieux paravent de tourlourous et d'Auvergnats.

L'orateur continue :

— Des cravates à cinq sous. En veux-tu? en voilà! C'est extrêmement bien porté en ce moment *ici :* l'on n'en met pas d'autres pour aller en soirée chez les ambassadeurs et les ministres. Jeune homme, maintenant que votre toilette est faite et que vous avez l'air d'un *fasionabe*, en deux temps, deux sauts, deux mouvements, comme c'est convenu, allons tordre le cou au polichinelle!

> En avant! marchons
> Contre leurs canons!

car le gosier me sèche. — *Elle* est un peu propre, *la* calembour, je m'en flatte!...

Après le marchand d'habits, nous avons été visiter :

LA GÉANTE ANVERSOISE

accompagnée de serpents instruits.

Instruits nous a paru délicat. Les ânes et les chiens ont discrédité l'épithète de savant : instruit est beaucoup plus noble et moins usé.

La géante anversoise a six pieds et demi au-dessus du niveau de la mer, et pèse *trois cents*, comme toutes les géantes possibles ; les tambours-majors lui vont à la cheville ; elle chante des romances comme mademoiselle Flore ; mais elle n'a pas de rallonges en bois ou en liège. — La géante anversoise soumet sa jambe, jusqu'à une certaine hauteur, à l'inspection des incrédules.

Ce privilége appartient naturellement aux curieux qui occupent les places les plus chères, et se trouvent le plus près de l'estrade. — Les *titis* du dernier rang supportent très-impatiemment cette préférence, et crient à tue-tête :

— Ceux des premières *s'y tâtent* ; quelle injustice ! rendez-nous notre argent !

Cette géante est d'une force colossale et lève un homme à bras tendu.

— Que le plus gros de la société s'avance, et je l'enlève par la boucle de son pantalon avec aisance et facilité, dit-elle d'un air terrible en s'assurant sur les hanches.

Comme nous étions le plus *gros de la société*, nous nous sommes esquivé au plus vite, de peur d'être enlevé.

Quant au serpent instruit, car il n'y en avait qu'un, malgré l'engageant pluriel de l'affiche, il ne savait rien faire ; seulement, il était assez doux, et se laissait enrouler de plusieurs manières.

Nous ne parlerons pas des jeux de bague, des vaisseaux suspendus, des roues de fortune, des balançoires, des tirs à l'arbalète, des jeux de quilles, de palets, et autres qui servent à prouver la maladresse du peuple français, car jamais personne n'atteint le but ; — ni des veaux à deux têtes, ni du hareng voyageur, ni des hannetons duellistes, ni des insectes industrieux, ni des cabinets de cire, où l'on voit la chaste Suzanne au bain, le *sacré fils* d'Abraham, Androclès et son lion ; — ni des marchandes de friture, ni des marchands de glaces à un sou ; tout cela est fade et commun ; mais nous ne résisterons pas au plaisir de vous parler d'une danse exécutée par des saltimbanques, et qui a éveillé en nous des souvenirs pittoresques et littéraires.

Penser à Gœthe et à Ary Scheffer, un jour de fête publique, aux Champs-Élysées, est rare et remarquable.

Une petite fille de douze ou treize ans, d'une figure charmante, exécutait cette danse des œufs, dont Mignon donne le spectacle à Wilhem Meister, dans le roman de Gœthe. Elle était mince, svelte, un peu maigre, comme toutes les petites filles de cet âge, et dans la plus heureuse transition de l'enfance à l'adolescence; ses petits pieds aux chevilles sèches et fines nageaient dans de mauvais souliers de rencontre tout éculés, et maintenus par un système de ficelles assez compliqué.

Sa robe de mousseline jaunie, tout éraillée de clinquant, avait des manches trop courtes qui laissaient voir, entre le poignet et l'avant-bras, une raie de chair pure et blanche, contrastant avec la couleur plus foncée des mains gantées de hâle.

Pour s'assurer de la sincérité de son tour de force, on lui avait bandé les yeux et coiffé la tête d'une guenille noire que son souffle, rendu plus vif par l'agitation de ses pirouettes, faisait remuer et palpiter.

Elle sautillait tantôt sur un pied, tantôt sur l'autre, évitant les œufs avec beaucoup d'adresse, et tourbillonnant avec rapidité autour de cette probabilité d'omelette.

Assurément, elle ne se doutait guère des pensées qu'elle soulevait, elle, pauvre bohémienne errante, misérable danseuse de carrefours, gambadant en pleine poussière, sans coulisse, sans rampe, sans fard, sans claqueurs, sans rien de ce qui fait le talent et la beauté des autres; n'ayant peut-être d'autre souper en perspective que les œufs qui lui servaient à faire son expérience, et ne devant pas manger si elle les cassait; elle ne s'imaginait pas qu'elle réalisait là le rêve de trois grands poëtes: qu'elle était à la fois l'*Esmeralda* de Victor Hugo, la *Mignon* de Gœthe, et la *Fenella* de Walter Scott.

Quand elle eut fini, on lui ôta son capuchon; ses beaux yeux, éblouis de la vive lumière, palpitèrent quelques instants, et, gonflant sa narine, elle aspira avec délices une large gorgée d'air; une moiteur rosée couvrait ses joues, et un vague sourire éclairait sa bouche entr'ouverte par la précipitation de son haleine.

Puis elle alla s'asseoir sur la chaise de l'équilibriste, ramenant ses pieds sous sa jupe, et resta là immobile, pendant qu'une vieille mégère faisait la quête avec un fond de bouteille en métal moiré.

Une poésie aussi naïvement sauvage au milieu de cet affreux bacchanal de clarinettes, de grosse caisse, de fifres et de vociférations de toute espèce, dans cette atmosphère de friture, de vin bleu et de grosse joie, nous surprit le plus agréablement du monde; car, assurément, nous ne nous attendions guère à trouver, derrière la baraque du *lapin [intrépide* le modèle du tableau de Scheffer et la réalisation d'un rêve de Gœthe.

Voilà ce que nous avons vu de plus remarquable dans toute cette journée de fête.

Le soir, nous l'avouons à notre honte, imitant les portiers dont on a plaisanté si agréablement, nous avons monté sur le toit de notre maison pour voir un feu d'artifice.

Il est vrai que le toit de notre maison est une très-belle terrasse à l'italienne, avec un belvédère vitré de carreaux de couleur bleus et rouges, qui vous font passer du clair de lune au coucher du soleil, selon que vous regardez à droite ou à gauche.

Mais, le toit n'eût-il été praticable que pour les chats en amour, nous y aurions grimpé avec le même stoïcisme; car il n'y a rien de plus beau au monde que Paris illuminé et vu de haut.

À nos pieds s'ouvrait le gouffre énorme comme une gueule de monstre apocalytique.

De larges traînées d'ombre estompaient les premiers plans, et noyaient ce qu'ils auraient eu de misérable et de mesquin ; une espèce de pénombre rougeâtre indiquait le cours de la rivière et la grande allée des Champs-Elysées.

A gauche, le Panthéon flamboyait sur sa montagne comme la tiare de feu d'un pape invisible ; un double cordon de points lumineux, scintillant à une grande hauteur, trahissait la vieille Notre-Dame, dont la sombre chape de granit se confondait avec la robe noire de la nuit sans étoiles.

En face, le glorieux stylite de bronze se détachait fermement sur la fauve auréole de ses lampions, et plus loin, à droite, l'attique de l'arc de l'Étoile, dessinée avec des lignes de feu, se faisait remarquer à la blancheur intermittente de son éclairage au gaz tourmenté par le vent.

L'étoile de la Légion d'honneur, cet astre allumé par Napoléon, rayonnait vivement au-dessus de son palais, et de toutes parts papillotaient des points brillants piqués comme des paillettes sur le velours de l'obscurité.

Martinn seul pourrait rêver quelque chose de plus gigantesque et de plus babylonien.

La nuit complaisante prête à Paris la beauté qu'il n'a pas : ce sont des perspectives infinies, des entassements énormes ; c'est grand comme la mer, et la sourde rumeur du vent ajoute encore à l'illusion.

Ce feu d'artifice, un des plus longs que l'on ait vus, était très-beau et très-brillant. — Il n'y a rien de plus joli que ces boules bleues, blanches et rouges, qui montent et descendent comme des boules de jongleur ou des globes de savon.

Après plusieurs faux bouquets, le véritable bouquet a ouvert dans le ciel son immense queue de paon étoilée d'argent et d'or, et tout s'est éteint dans un nuage couleur d'agate.

Pour continuer notre vagabondage, sauvons-nous au plus vite à Versailles par le chemin de fer, dussions-nous être envoyé dans la lune à cheval sur un morceau de chaudière éclatée, dût le *convoi* qui nous emporte devenir un convoi funèbre ; au reste, comme l'expérience en a été faite déjà par beaucoup d'autres, nous pouvons nous y risquer.

Aussi bien le cheval de fer est attelé, la roue a mordu l'inflexible rainure ; Paris est déjà loin ; ce ne sont que tranchées à ciel ouvert, viaducs et tunnels, remblais, ponts suspendus, des ouvrages fabuleux. — Vous coupez tous les chemins, et vous passez *sur* les charrettes; le dessus ou le dessous des ponts, tout vous est égal. Le chemin de fer n'entend pas raison; il ne pense qu'à une chose : arriver. S'il rencontre une montagne, il la coupe en deux ou la perce à jour; il enjambe les rivières et va toujours son train. — Il y a une ballade de Burger qui a pour refrain :

Les morts vont vite, vont vite par le frais!

Les vivants vont aujourd'hui plus vite que les morts de la ballade allemande.

La traversée du parc de Saint-Cloud est une promenade des plus pittoresques.

Avant d'y arriver, un panorama délicieux passe devant vous, — comme une décoration d'opéra; — ce sont des collines bleuâtres, des vallées où miroite la gaze d'argent du fleuve, des plaines zébrées et plaquées de cultures, des bouquets d'arbres, des maisonnettes aux couleurs vives et tranchantes, qui ressemblent à ces villages de bois que l'on donne pour étrennes aux enfants.

Quel plaisir de parcourir ainsi l'espace avec la rapidité fluide de l'oiseau!

Regardez bien vite à votre droite avant que le tourbillon vous ait emporté, ce petit pavillon rose à contrevents verts, avec sa tente rayée de rouge et son corps de logis gris de souris effrayée : c'est de là que sont partis tous ces beaux livres qui vous amusèrent tant, tous ces feuilletons que vous dévoriez.

Honoré de Balzac a demeuré là ; vous êtes aux *Jardies*.

Sans le chemin de fer, eussiez-vous jamais connu les Jardies autrement que de nom?

Remerciez donc le chemin de fer; peut-être, grâce à lui, avez-vous vu, un jour, l'introuvable cénobite accoudé à la fenêtre et rêvant dans son froc de moine.

Mais nous voici arrivés ; car le wagon va plus vite que notre plume.

Quelle admirable salle que la galerie du débarcadère avec ses jours pris d'en haut, comme dans l'Alhambra, ses colonnes renaissance et ses boiseries de chêne et ses portes à coulisse!

Il n'y a rien là d'inutile, et cependant l'aspect est

riche, élégant; de belles proportions valent tous les ornements possibles.

Le chemin de fer est le trait d'union de Paris à Versailles, et réciproquement.

FIN

TABLE

Cherbourg. — Inauguration du bassin Napoléon. 1
Le mont Saint-Michel. 59
Course de taureaux à Saint-Esprit. 85
Wiesbaden. 111
Stuttgart. 125
Baden. 143
Venise. 161
Florence. 177
El Ferro Carril. — Inauguration du chemin de fer du nord de
　l'Espagne. 239
Une promenade au hasard. 337

FIN DE LA TABLE

POISSY. — TYP. ET STÉR. DE A. BOURET.

www.ingramcontent.com/pod-product-compliance
Lightning Source LLC
Chambersburg PA
CBHW050759170426
43202CB00013B/2482